Natürlich BACKEN

Anna Pevny

Natürlich BACKEN

Brot, Kuchen und Kekse aus vollem Korn
Wohlfühlrezepte, die einfach guttun

Mit Fotografien von Rita Newman

löwenzahn

INHALT

BROT

MEHLSPEISEN UND KUCHEN

KEKSE

Liebe Leserin, lieber Leser!

Können Sie es riechen? Haben Sie auch diesen herrlichen Duft von frischem Brot, von knusprigem Gebäck oder feinen Mehlspeisen in der Nase? Mir geht es jedenfalls so, und meine Vorfreude ist groß, wenn ich ein Buch voller Ideen und Anregungen für die Zubereitung von Köstlichkeiten aus der bäuerlichen Backstube in meinen Händen halte, wie das hier der Fall ist. Ich kann sie dann schon förmlich spüren, die Wärme, die von den noch ofenwarmen Laiben Brot aus geht, die in der Küche langsam abkühlen.

Gleichzeitig denke ich an die reichhaltige Erfahrung und das enorme Wissen, das sich in einem solchen Buch widerspiegelt. Wissen, das teils über Generationen von Bäuerinnen und Bauern weitergegeben wurde. Erfahrung, die in unzähligen Stunden in der Backstube gesammelt wurde.
Es ist beruhigend zu wissen, dass dieses Wissen auch künftigen Generationen zur Verfügung stehen wird und ihnen damit auch ermöglicht wird, dieselben intensiven Sinneseindrücke zu erleben, die nur erlebt, wer das Ursprüngliche, das Authentische und Einfache kennt. Dieses Buch ermöglicht genau dies.
Das ist umso wichtiger in einer Zeit, in der das Traditionelle, das Handwerkliche und vor allem das Ursprüngliche und Natürliche oft in den Hintergrund unserer gesellschaftlichen Wahrnehmung gerät.

Dieses Buch stellt genau genommen den Gegenentwurf zu Künstlichkeit und Achtlosigkeit dar. Es stellt die naturgegebenen Zutaten und die biologisch-landwirtschaftliche Herkunft der Produkte in den Mittelpunkt. Es ist dies daher nicht irgendein Rezeptbuch, es besteht nicht einfach aus einer Aneinanderreihung beliebiger Zutatenlisten. Hier geht es um viel mehr – es geht um die Freude an den vielfältigen Möglichkeiten, die uns die Natur eröffnet. Es geht um die Herkunft unserer wertvollen Lebensmittel und um deren Wertschätzung im Sinne eines achtsamen Umgangs mit denselben.

Anni Pevny praktiziert und lebt all das tagtäglich als Bio-Bäuerin mit ihrer Familie auf ihrem Bio-Hof. Mit diesem Buch gelingt es ihr, ihre Leidenschaft für Lebensmittel und ihre Liebe zur Natur für die Leserinnen und Leser greifbar zu machen.
Liebe Anni, dafür ein herzliches Dankeschön.

Ich wünsche Ihnen, liebe Leserinnen und Leser, viel Vergnügen beim Schmökern, Ausprobieren und Nachbacken, einfach beim Erleben dieses Buches.

Gertraud Grabmann
Obfrau BIO AUSTRIA

Genussland Oberösterreich

Lebensmittel mit Qualität und Geschichte

Oberösterreich ist reich gesegnet mit regionalen kulinarischen Spezialitäten, die auch jenseits lokaler und sogar nationaler Grenzen bekannt, anerkannt und geschätzt sind.
Besonders um unsere Brotvielfalt werden wir oft beneidet. Über Generationen hinweg haben Menschen das Wissen über Anbau und Verarbeitung regionaler und lokaler landwirtschaftlicher Produkte bewahrt und erhalten. Sie haben damit nicht nur nachhaltig die Landschaft gestaltet, sondern auch Rezepte und Essgewohnheiten weitergegeben.

Brot als Grundnahrungsmittel war in den Vorratskammern der Bauernhöfe immer vorhanden, denn das eigene Brot zu backen war eine Selbstverständlichkeit und war immer auch Sache der Frauen. Dass dieser Brauch heute wieder an Attraktivität gewinnt, ist Bäuerinnen wie Anna Pevny zu verdanken, die ihr Wissen um das Brot backen gerne und bereitwillig in Kursen vermitteln oder wie hier in Buchform weitergeben.

Das trägt dazu bei, dass immer mehr Menschen sich in einer globalisierten Welt auf das Heimische, Regionale und Echte besinnen und den Wert handwerklicher Produktion und Selbstgemachtes wieder hoch schätzen.

Herzlichen Dank für diesen Beitrag zur regionalen Bewusstseinsbildung und Mahlzeit im Genussland Oberösterreich!

Maria-Theresia Wirtl
Genussland Oberösterreich

Knusprig-frische Brotgenüsse

Die Entwicklung vom ersten Getreidebrei über den Fladen zum heutigen Brot und Gebäck dauerte mehrere tausend Jahre. Seitdem ist Brot für viele Menschen eines der wichtigsten Lebensmittel und galt bei allen Völkern, die Ackerbau betrieben, als heilig. Vor allem in der christlichen Lehre ist es von zentraler Bedeutung. Brot im übertragenen Sinne steht für alles, was das menschliche Leben ausmacht.

Brot gehört zu den Grundnahrungsmitteln des Menschen. Es schmeckt gut, macht satt, ist bekömmlich und schnell zubereitet. Dafür sind nur wenige Zutaten nötig: Mehl, Wasser, Hefe und/oder Sauerteig sowie Salz. Hochwertige Ingredienzien, handwerkliches Geschick und genügend Zeit zum Kneten und Gären machen das perfekte Brot aus.

Das neue Kochbuch der Familie Pevny bietet einen Streifzug durch die Backstube am Bio-Hof und beinhaltet den Werdegang des Brotes – inklusive passender Rezepte, Mehlspeisen und Anleitungen zum Keksbacken mit verschiedensten Vollkornmehlen. Besonderes Augenmerk wird dabei auf die biologische und regionale Herkunft der Lebensmittel gelegt.

Herzlichen Dank auch allen Familienmitgliedern und Wegbegleitern der Familie Pevny für ihren Enthusiasmus für die Landwirtschaft und die Verarbeitung ihrer Produkte. Mit diesem Buch ist ein weiterer Meilenstein in ihrer generationenübergreifenden landwirtschaftlichen Tradition gelungen.

Beim Ausprobieren und Nachkochen der Rezepte im neuen Backbuch der Familie Pevny wünsche ich viel Freude und vor allem genussvolle Momente mit einem herzhaften Stück Regionalität.

Max Hiegelsberger
Agrar-Landesrat

Natürlich backen – denn natürlich schmeckt's besser

Eingebettet in eine hügelige Voralpenlandschaft liegt unser Bio-Hof inmitten des Städtedreiecks Linz-Enns-Steyr. Die 4 Lebenselemente Feuer, Wasser, Luft und Erde sind das zentrale Thema unseres Bio-Bauernhofes. Umrahmt von einem schön gestalteten Naturgarten, Streuobstwiesen und eigenen Feldern steht unser Vierkanthof typisch für diese Region tief verwurzelt im Gemeindegebiet Niederneukirchen.
Sorgfältiger eigener Anbau, liebevolles Backen, herrliche Nahrungsmittel bewusst von Mensch zu Mensch.

Ich bin eine Bio-Bäuerin, die ihre Leidenschaft zum Beruf gemacht hat. Das Bäuerinsein in der heutigen Zeit hat viele Gesichter, aber in allen vereint finden sich Kreativität und Vielseitigkeit. Zu meinen größten Leidenschaften gehört meine geliebte Familie, die mir den Ansporn für meine heutigen Tätigkeiten gegeben hat und immer noch gibt. Mein erlernter Beruf der Werk- und Hauswirtschaftslehrerin legte den Grundstein dazu.

Mein Weg zur Bio-Bäuerin begann bereits in meiner frühen Kindheit. Schon als kleines Mädchen genoss ich es, in den Getreidefeldern meiner Eltern herumzulaufen und mich zu verstecken. So entdeckte ich, wie wunderbar Getreide wächst und gedeiht. Zu diesem Zeitpunkt war mir sicher nicht bewusst, welche Bedeutung dies in meinem Leben haben könnte. Jedoch hatte ich große Freude daran, wenn sich die Getreidehalme mit dem Wind bewegten – wie die Wellen des weit entfernten Meeres.
Ackerstiefmütterchen waren für mich die schönsten Blumen. Damit sie nicht durch die Bodenbearbeitung oder Spritzmittel sterben mussten, pflanzte ich sie in den Gemüsegarten meiner Mutter um.

Mit meinem Mann Franz übernahm ich im Jahr 1992 seinen elterlichen Betrieb. Bereits während unserer Berufstätigkeit (Agraringenieur und Hauswirtschaftslehrerin/Vollzeit) stiegen wir im Nebenerwerb in die konventionelle Landwirtschaft ein. Nach der Geburt unserer beiden Kinder Verena (22) und Thomas (20) begann ich mit dem Brotbacken, allerdings zuerst nur für die Familie. Von meiner Mutter, einer gelernten Bäckerin, erwarb ich nach und nach die Grundkenntnisse der Bäckerei.

Nachhaltigkeit und Bewusstsein im Umgang mit der Natur und deren LEBENS-Mittel gelten für mich als Herzstück meiner Tätigkeit.
Wegen gesundheitlicher Probleme begannen wir, die Ernährung umzustellen. Im Jahr 2000 wagten wir den großen Schritt der Umstellung auf biologische Wirtschaftsweise. Die Direktvermarktung (Getreide, Mehl, Brot, Mehlspeisen und vieles mehr) wuchs von Jahr zu Jahr, sodass ich seit dem Jahr 2006 meinen Arbeitsplatz vollständig zu Hause habe.
Dies kommt aber nicht von allein. Wir begannen unsere Vermarktung auf einigen Bauernmärkten und bauten unseren Kundenstamm stetig auf. Die beste Werbung ist jedoch ausgezeichnete Qualität

– und die bestätigen mir meine zahlreichen Auszeichnungen der Brotbewertungen des Landes und Bundes (Genusskronenauszeichnung, Goldmedaillen, Silbermedaillen).

Meine Ausbildungen zur Seminarbäuerin (2005), Bio-Infobäuerin (2006), Zertifikat für Schule am Bauernhof (2007) und schlussendlich noch die Gastgewerbeberechtigung (2013) erweiterten so nach und nach meine Tätigkeiten auf unserem Bio-Hof.

Einige größere Umbauarbeiten ermöglichen mir heute, die Bio-Landwirtschaft, eine Bio-Backstube, die Direktvermarktung mit dem gewerblichen Bio-Hofladen und einen Gasthof zu betreiben. Zusätzlich werden am Hof Back- und Kochkurse, das Projekt Schule am Bauernhof, Exkursionen sowie Betriebs- und Gartenführungen angeboten.

Meine Begeisterung, die Freude und Liebe zur Natur geben mir immer wieder die Motivation zur kreativen Arbeit auf unserem Bio-Bauernhof.
Die Natur, wie Gott sie schuf, zu erhalten – auch für unsere Nachkommen!
Mit meinem Buch möchte ich den „vollen" Wert von Getreide veranschaulichen und die vielen Möglichkeiten des natürlichen Backens einfach vermitteln. Auch ist es mir ein großes Anliegen, damit die Liebe zu unseren regionalen und biologischen Lebensmitteln zu wecken.

Anna Pevny

DIE BESTE HEILSTÄTTE DER WELT,
NEBST LICHT, LUFT,
WASSER UND ERDE,
IST EINE MIT
VERSTÄNDNIS, SORGFALT
UND LIEBE
GEFÜHRTE KÜCHE

(aus dem Buch „Die Ernährungstherapie der Hildegard von Bingen"
von Wighard Strehlow)

BACK-ABC

Wir Menschen können nie gesünder sein als die Kulturpflanzen und Tiere, von denen wir unsere Nahrung beziehen – und wenn wir wirklich heilen wollen, dann haben wir dort anzufangen.

(Dr. Hans Peter Rusch)

Den wahren Geschmack schenkt uns die Natur

Geschichte von Getreide, Mehl und Brot
Die Grundlage für ein gutes Brot ist vor allem gutes Getreide, aus dem dann das Mehl gewonnen wird. Anbau und Züchtung von ursprünglichen Wildgräsern begannen in der Region des „Fruchtbaren Halbmondes" (wie die Arabische Halbinsel und Ägypten) vor ungefähr 10.000 Jahren. Am Anfang wurden hauptsächlich Urformen von Weizen, Gerste und Roggen kultiviert. Heute nimmt man an, dass ca. 8.000 v. Chr. Getreide erstmals systematisch angebaut wurde. Im Laufe der Zeit wurde Getreide zum wichtigsten Grundnahrungsmittel und bildete eine wesentliche Voraussetzung zum Sesshaftwerden der Menschen. Die Urgetreide Einkorn, Emmer und Gerste sind für Ägypten das erste Mal um 5.000 v. Chr. belegt und haben die einheimischen Sorten relativ schnell verdrängt. Aus ihnen wurden bis ins 4. Jahrhundert v. Chr. Brot und Bier hergestellt. Erst dann brachte Alexander der Große Hartweizen nach Ägypten, der fast zum alleinigen Getreide avancierte.
Auch die Römer kultivierten neben Dinkel eigentlich nur Weizen für ihre Nahrung. Hafer verwendeten sie als Viehfutter, Roggen galt ihnen als schwarzes, unverdauliches Korn.
Während das gewöhnliche Volk Brot aus grobem Mehl oder Kleie aß, gab es Privatbäckereien, die für die gehobene Schicht Brot und Kuchen aus feinstem, weißem Mehl zubereiteten. Weißes Mehl war ein Zeichen von Wohlstand. Die Essgewohnheiten trennten den Adeligen vom niederen Volk, sozusagen die Spreu vom Weizen.

Weißbrot galt bis ins 18. Jahrhundert in Mitteleuropa als Luxusgut. Nur die Reichen konnten sich das fein gemahlene Weizen- oder Dinkelmehl leisten. Das „normale Volk" ernährte sich vom vollen Korn und der Kleie in Form von Brot oder Getreidebrei. Erst zur Zeit der Französischen Revolution wurde das Weißbrot ein Nahrungsmittel für alle.
Im Jahr 1920 begann man mit der Forschung nach Vitaminen in der Nahrung. Dabei fand man heraus, dass im weißen Brot zu wenig Vitamine für den Menschen enthalten sind. Leider führte diese Erkenntnis nicht dazu, dass mehr volles Korn verwendet und gegessen wird. Vielmehr begann man, dem weißen Brotteig die fehlenden Vitamine chemisch und künstlich beizumengen, was bis heute in der industriellen Herstellung praktiziert wird.

Warum eigentlich bio?

Als überzeugte Bio-Bäuerin ist es mir sehr wichtig, meine Backwerke mit gutem Gewissen empfehlen zu können. Deshalb wählen wir unser Getreide dafür, ja unsere Lebensmittel und Zutaten mit größter Sorgfalt aus. Der Bauer war ursprünglich ja Bio-Bauer. Die heute sogenannte konventionelle Anbaumethode hat ihren Ursprung in der Mitte des 19. Jahrhunderts. Damals verbesserten Forscher mit neuen Erkenntnissen über Pflanzennahrung und neuen technischen Erfindungen die Anbaubedingungen. Böden wurden durch Dünger fruchtbarer gemacht, und neue Maschinen ermöglichten zudem einen großflächigeren und somit produktiveren Anbau. Fortlaufend neue Erkenntnisse in Chemie und Technik steigern die Erträge der Landwirte. Insektizide und Fungizide bekämpfen Schädlinge, die kurze Zeit vorher noch ganze Ernten vernichtet hätten.
Im Laufe der Zeit entdeckte man aber auch Nachteile dieser Bodennutzung. Vor allem bei der chemischen Bekämpfung von Schädlingen findet man in Anbauprodukten, Boden und Grundwasser Rückstände der für den Menschen schädlichen Pestizide.
Landwirte, die sich eines besseren besannen, schwenkten wieder zu Anbaumethoden um, die ganz (biologischer Anbau) oder teilweise (integrierter Anbau) auf die chemische Keule verzichteten.Die heutige biologische Landwirtschaft beschäftigt sich ständig damit, unseren Boden auf natürliche Weise gesund und nährstoffreich zu erhalten. Unter den Bio-Bauern und -bäuerinnen gibt es ausgebildete „Bodenpraktiker", die Beratungs- und Aufklärungsarbeit bei Bauern und Konsumenten durchführen.

Vollkorn ja – aber biologisch

Ich gehe mit diesem Thema in meinem Buch sehr sorgsam um, da ich in meinen Rezepturen fast ausschließlich das volle Korn in der Vielfalt unserer regionalen Getreidesorten verwende. Die Belastung von Vollkornprodukten mit Pestiziden oder toxischen Schwermetallen wird ernährungsphysiologisch als großes Problem gesehen, da sich diese in den Randschichten des Korns ablagern. Aus diesem Grund ist es sinnvoll für Vollkornbrot bzw. bei allen Produkten, bei denen das ganze Korn gebraucht wird, Bio-Getreide zu verwenden!
Vollkornprodukte enthalten mehr Ballaststoffe, Vitamine und Mineralstoffe sowie bei richtiger Vermahlung (direkte Vollkornmühle – wenn möglich Steinmühle) auch noch den wertvollen Keimling. Die vielen hochwertigen Vitamine und Fette des Keimlings machen das „Echte Vollkornmehl" kürzer haltbar als industriell erzeugtes Vollkornmehl. Bei industriell erzeugtem Vollkornmehl wird der Keimling entfernt und das Mehl ist dann wie Typenmehl 6 Monate haltbar. Echtes Vollkornmehl hingegen muss innerhalb von 6–8 Wochen aufgebraucht werden, ansonsten wird es ranzig und verklumpt.

GETREIDEARTEN

Das Beste der Gaben, die man erschaut,
der Herrgott den Bäckern hat anvertraut.
Ihr Völker der Erde, dies sei euch Gebot:
Bewahret den Frieden und mit ihm das Brot!

Weizen

Aus botanischer Sicht ist Weizen ein Sammelbegriff von Gräsern, die zur Familie der Triticum-Arten gehören. Somit sind auch Dinkel sowie Einkorn, Emmer und Kamut Weizen-Arten. Weizen ist seit fast 10.000 Jahren bekannt und hat seinen Ursprung vermutlich in Ägypten, Syrien und Äthiopien. Weltweit ist Weizen eines der bedeutendsten Getreide, auch bei der Brotherstellung, und wird nach Mais und Reis am häufigsten angebaut, obwohl er beim Anbau höhere Ansprüche an Boden und Klima stellt. Man unterscheidet zwischen Hartweizen und Weichweizen, der im gemäßigten Klima wächst. Während Hartweizen (Triticum durum) eher in der Teigwarenherstellung Anwendung findet, ist Weichweizen (Triticum aestivum) besonders durch seinen hohen Klebergehalt hervorragend zum Brotbacken geeignet. Weizenkörner sind gelblich und haben eine runde, leicht bauchige Form. Sie haben einen ausgewogenen Gehalt an verschiedenen Vitaminen und Mineralien.

Einkorn

Das Einkorn gilt als Ur-Weizen und sein Alter wird auf ca. 9.000 Jahre geschätzt. Einkorn gilt als Vorläufer von Emmer, Dinkel und Saatweizen. Im 20. Jahrhundert ist Einkorn nahezu ausgestorben. Bio-Betriebe in der Schweiz, Deutschland und Österreich erwecken dieses wertvolle Getreide wieder zum Leben.

Obwohl wesentlich ertragsärmer als Saat-Weizen, enthält Einkorn mehr Mineralstoffe und Aminosäuren als dieser. Ein hoher Gelbpigmentgehalt (Beta-Carotin) gibt dem Einkornmehl eine schöne gelbliche Farbe. Einkorn ist in den botanischen Eigenschaften dem Dinkel gleich, ist jedoch unbekannter als der Dinkel. Einkorn ist relativ anspruchslos im Bezug auf die Qualität des Bodens. Außerdem ist es resistent gegen viele Schädlinge wie Wurzelfäule, Spelzbräune oder den Mutterkorn-Pilz und kann sich besser gegen die Konkurrenz von Ackerunkräutern durchsetzen als moderne Hybridweizensorten.

Es besitzt einen hohen Anteil an Kleberproteinen und weist daher eine ähnlich gute Backeigenschaft wie Weizen auf. Einkorn ist wie das Dinkelkorn fest mit den Spelzen verbunden und muss wie Dinkel vor dem Mahlen „entspelzt“ werden. Einkorn kann geschliffen auch als besonders schmackhafter Reis verkocht werden. Einkorn hat einen nussigen, feinen Geschmack und ist bei Verdauungs- und Konzentrationsstörungen förderlich.

Einkorn eignet sich aufgrund seiner feineren Randschicht sehr gut für Vollkornmehlspeisen in jeder Art! Diese werden nicht so leicht trocken und bekommen eine wunderschöne gelbe Farbe.

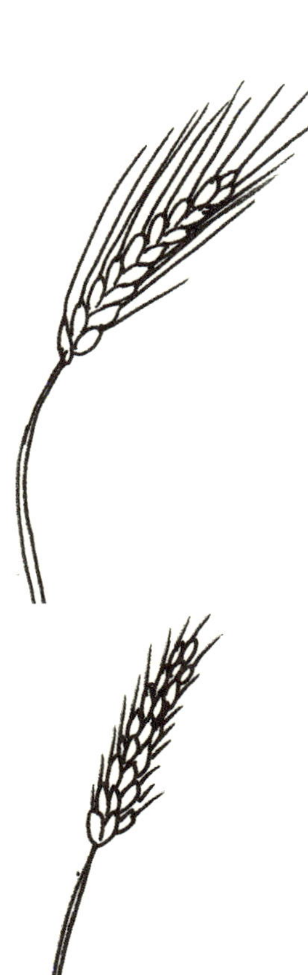

Emmer

Ist ebenfalls ein uraltes Getreide und gehört zur Gattung Weizen. Wie Einkorn und Dinkel ist es ein Spelzgetreide. Allerdings reifen an der Ährenspindel nicht nur ein Korn (Einkorn), sondern zwei Körner. Deshalb nennt man Emmer auch Zweikorn. Emmer weist einen hohen Protein- und Feuchtglutenanteil auf und kann durch eine sehr sanfte Teigherstellung noch zu ganz guten Backergebnissen führen. Bei der Erzeugung von Backwaren wird er aber meist in Mehlmischungen eingesetzt. Dieses glutenhältige Getreide zeichnet sich durch einen hohen Eiweiß- und Eisengehalt sowie einen kräftigen, würzigen Geschmack aus.

Dinkel

Die Äbtissin Hildegard v. Bingen lobte Dinkel über alles, und dadurch ist er schon lange beliebt. Durch den hohen Siliceagehalt (Kieselsäure) wirkt Dinkel stärkend auf Bindegewebe und Haare. Dinkel wird wie Einkorn durch Umwelteinflüsse kaum belastet, da es eine doppelte Spelzhülle hat. Grünkern ist unreif geernteter Dinkel und wird mittels spezieller Verfahren gedörrt. Er verleiht den Speisen einen aromatischen, nussigen Geschmack.
Das Mehl Type 700 (Dinkel/Weizen) lässt sich in Kombination mit reinem Vollkornmehl hervorragend verarbeiten und gewährleistet Leichtigkeit und Luftigkeit. Zum anderen lassen sich auch aus ernährungswissenschaftlicher Sicht die Aspekte Genuss und Gesundheit ideal miteinander verbinden. Mehl mit Type 700 enthält rund 30 % mehr Mineralstoffe und Ballaststoffe als Mehl mit der Type 480.
Zu beachten ist jedoch, dass es schon mehr Dinkelkreuzungen als reine Dinkelsorten gibt. Bekannte reine Dinkelsorten sind (Bio Austria): ‚Ebners Rotkorn', ‚Oberkulmer Rotkorn', ‚Schwabenkorn', ‚Bauländer Spelz'.

Kamut

Kamut ist ein Hartweizen und zum Brotbacken gut verwendbar. Sein Name bedeutet so viel wie „Seele der Erde". Wichtig ist, dass Kamut sehr fein vermahlen wird, damit das Klebereiweiß seine Wirkung entfalten kann. Sein Gehalt an Eiweiß, Aminosäuren, Vitaminen und Mineralien ist dagegen deutlich höher als bei vielen anderen Getreidearten. Darüber hinaus enthält Kamut besonders viel Selen, welches als wichtiger Schutz gegen Krebs gilt. Da er beim Anbau schlecht auf künstlichen Dünger und Schädlingsbekämpfungsmittel anspricht, ist er für die konventionelle Landwirtschaft uninteressant (wie fast alle Urgetreidesorten) und nahezu ausschließlich in Naturkostläden zu erwerben.

Gerste

Gerste ist neben Emmer und Einkorn die älteste gezielt angebaute aller Getreidearten. Ihr Ursprungsland ist der Vordere Orient, wo sie schon 10.500 v. Chr. belegt ist. In Mitteleuropa wird Gerste seit der Jungsteinzeit um 5.000 v. Chr. angebaut. Man unterscheidet zwischen Winter- und Sommergerste: Während die eiweißhaltige Wintergerste hauptsächlich als Futtergetreide Verwendung findet, verdanken wir der eiweißarmen Sommergerste Whisky und Bier. Zum Backen eignet sich Gerste höchstens für Fladenbrote. Sollen die Brote aufgehen, braucht Gerste die Verbindung mit Weizenmehl. Gerste enthält viel beta-Glucane, die den Cholesterinspiegel regulieren können. Den gekeimten Sprossen wird eine entwässernde und fiebersenkende Wirkung zugesprochen.

Waldstaudenkorn oder Johannisroggen

Dies sind Roggenurformen. Eine Besonderheit des Waldstaudenkorns ist die überlieferte Anbaumethode. Dieser Urroggen wird um Johannis (24. Juni) angebaut. Im Herbst wird das Grün geschnitten, gemulcht oder verfüttert. Die Pflanzen treiben neu aus und überwintern. Im zweiten Jahr wird das Waldstaudenkorn geerntet, das wesentlich kleiner ist als herkömmliches Mahlgetreide. Brot und Gebäck werden dunkler und kräftiger. Waldstaudenkorn ist dem Roggenmehl ähnlich und kann daher nur dieses ersetzen bzw. in kleinen Beigaben für andere kleberhaltige Mehle verwendet werden. Das Korn hat einen süßlichen Geschmack und enthält mehr Ballaststoffe als andere Roggensorten.
Allerdings ist der Ertrag im Vergleich zu modernen Roggensorten geringer (1.000–2.000 kg in der biologischen Wirtschaftsweise erzielbar), da die Körner sehr klein sind.

Roggen

Das dunkle Getreide stammt aus der Gegend des Schwarzen Meeres und ist schon seit circa 9.000 Jahren bekannt. Allerdings wurde es erst im 5. Jahrhundert n. Chr. kultiviert. Bis dahin verbreitet es sich als Unkraut zwischen anderen Getreiden. Roggen ist von grau-grüner Farbe, und das tropfenförmige Korn läuft spitz zu. Das pflegeleichte und anspruchslose Getreide hat zwar einen sehr hohen Vitamin- und Mineralstoffgehalt, aber keinen eigenen Kleberanteil, obwohl es auch Gluten enthält. Sauerteig ist bei Roggenbroten ein wichtiger Geschmacksträger und verdauungsfördernd (siehe auch Seite 47).

Hafer

Hafer hat ein spindelförmiges, langes Korn und ist eine der nährstoffreichsten Getreidearten. Er enthält die meisten Proteine und Fette und lebenswichtige Nährstoffe wie Kalzium, Eisen, Silicium, Zink, Mangan sowie die Vitamine D1 und E. Abgesehen vom Mais ist Hafer das fettreichste Getreide; er liefert also nicht nur durch seine Kohlenhydrate Energie. Die im Hafer enthaltene Linolsäure kann von unserem Körper nicht erzeugt werden, also muss sie ihm zugeführt werden. Linolsäure ist eine der wichtigsten essentiellen Fettsäuren. Rund 100 g Haferflocken decken den Tagesbedarf. Das ist vor allem bei Kleinkindern wichtig, deren Bedarf an essentiellen Fettsäuren größer ist als bei Erwachsenen. Der wichtigste aller Hafer-Inhaltsstoffe ist Eiweiß. Von den acht essentiellen Säuren, die dem Körper täglich zugeführt werden müssen, enthält Hafer sechs: Dies ist bei keiner anderen Getreidesorte der Fall. (Die fehlenden essentiellen Säuren ergänzt man mit Milch und Soja.) Außerdem enthält Hafer viele beta-Glucane, die sich positiv auf den Cholesterinspiegela auswirken. Hafer ist anspruchslos und gedeiht auch auf sehr kargen Böden. Weltweit kennt man an die 70 Sorten. Bis zur Einführung der Kartoffel war der aus Hafer gewonnene Brei das wichtigste Grundnahrungsmittel. Hafer hilft bei Konzentrationsstörungen, fieberhaften Erkrankungen und durch seine leichte Verdaulichkeit auch bei Magen- und Darmproblemen (Haferschleim).

Glutenfreie Getreidearten

Die folgenden Körnerfrüchte sind trotz ihrer ähnlichen Verwendung kein Getreide im botanischen Sinne, da sie nicht der Familie der Süßgräser angehören. Aber sie spielen eine wichtige Rolle als Getreideersatz. Vor allen Dingen für Menschen, die an einer Glutenunverträglichkeit leiden (Zöliakie). Nicht alle Getreidemehle sind aber wirklich allein backfähig, da einigen das dafür wichtige und für uns gewohnte Klebereiweiß (Gluten) fehlt. Als Backtriebmittel für diese Teige empfehle ich Weinsteinbackpulver und Hefe.

Mais

Mais ist eine der wichtigsten Getreidepflanzen der Welt – und zugleich die größte, sowohl von der Wuchsform als auch von der Körnergröße. Mais stammt aus dem südamerikanischen Peru und wurde bereits von der indigenen Bevölkerung Amerikas kultiviert. Hauptanbaugebiete sind heute China und die USA. Mais enthält viel Kalium, Magnesium, Phosphor, Eisen und Kieselsäure und einen hohen Gehalt an Vitamin A und E; dafür fehlen ihm einige Vitamine der B-Gruppe. Er hat einen hohen Sättigungsgrad und ist kalorienarm. Bei Zöliakie eignet sich Mais als Roggen-Weizen-Ersatz. Trotz alldem wird Mais in Europa hauptsächlich als Tiernahrung verwendet.

Gelbe Hirse, Braunhirse

Hirse war in den frühesten Jahrtausenden die wichtigste Nahrung der Menschheit. Hirse ist das mineralstoffreichste Getreide. In der Hirse sind sämtliche Mineralien vertreten, die in der menschlichen Ernährung eine Rolle spielen: Eisen und Fluor, Phosphor und Schwefel, Magnesium und Kalzium. Besonders beachtenswert ist der überdimensionale Kieselsäuregehalt bei Braunhirse. Braunhirse ist jedoch nur in fein gemahlenen Zustand genießbar. Und durch den hohen Kieselsäureanteil sollte man pro Tag nicht mehr als 3–4 Esslöffel Braunhirsemehl essen und das am besten in kalter Form, um alle Inhaltsstoffe zu erhalten. Selbst geschälte Hirse enthält viermal so viel Kieselsäure wie geschälter Weizen. Die Schale von Hirse ist sehr hart, daher verwendet man Hirse meist nur in geschälter Form.

Der heilende Effekt von Hirsekuren bei Hautleiden ist längst bekannt. Wichtig ist nur, dass man die Behandlung konsequent betreibt. Die Wirkung hängt vom Kieselsäuregehalt ab. Diese sorgt beim jungen Menschen für einen elastischen Körper, für glatte und frische Haut sowie für kräftige, glanzvolle Haare. Kieselsäure unterstützt auch die Gesundheit der Zähne sowie der Finger- und Zehennägel. Besonders im Alter, wo der Gehalt an Kieselsäure im Gewebe abnimmt, sollte man sich der Hirse besinnen. Kieselsäuremangel verursacht Bindegewebsschwäche, Bandscheibenschäden, erhöhte Verletzungsanfälligkeit, schafft Zahnprobleme, brüchige Nägel, stumpfes, glanzloses Haar, aber auch vorzeitige Alterung der Haut. So gesehen ist Hirse ein Jugendelixier.

Buchweizen (Heidekorn)

Buchweizen zählt als Mitglied der Knöterich-Arten nicht zu den Getreiden, hat einen hohen Eisenanteil und eine Menge wichtiger Mineralstoffe. An im Buchweizen enthaltenen Vitaminen sind C, B1 und B2 erwähnenswert. Das Lecithin des Buchweizens (eine fettähnliche Substanz) hat entscheidende Bedeutung im Cholesterin-Stoffwechsel. Auch schwache Verdauungsorgane können Buchweizen gut aufnehmen und verwerten. Daher eignet er sich als Aufbaudiät nach schweren Krankheiten. Er ist außerdem für Senioren hervorragend geeignet. In kunstgedüngter Erde gedeiht Buchweizen nicht, dort entwickelt er nur Blätter. Man hat also die Garantie, dass er biologisch gezogen wurde. Buchweizen wird in der Regel wie Reis gekocht und zeichnet sich durch ein unverwechselbares Aroma aus. Man kann mit Buchweizen wunderbar Brot und Mehlspeisen glutenfrei backen. Als Tee genossen wirkt er durch seinen Inhaltsstoff Rutin gegen Durchblutungsstörungen und Krampfadern.

Amarant

Amarant stammt aus Südamerika und gehört zur Familie der Fuchsschwanzgewächse. Er zählt zu den ältesten Nutzpflanzen der Menschheit und diente den Azteken und Inka nicht nur als Grundnahrungsmittel, sondern auch als Opfergabe für die Götter. Die hellbraunen, hirseähnlichen Körner weisen deutlich höhere wertvolle Inhaltsstoffe als unserer heimischen Getreidesorten auf. Sie sind besonders reich an Ballaststoffen und Eisen, Magnesium und Kalzium. Die glutenfreien Körner sind wegen dieser überdurchschnittlich hohen Werte für Sportler bestens geeignet und wegen des hohen Eisengehalts besonders gut während der Schwangerschaft. Die Körner weisen einen nussigen, würzigen Geschmack auf und können gekocht, für Müsli geschrotet oder als Mehl verwendet werden. Auch „Popcorn“ kann man aus Amarant herstellen.

Quinoa

Quinoa, auch Reismelde genannt, stammt ursprünglich aus Peru, gehört zur Gattung der Gänsefußgewächse und ist schon seit 6000 Jahren Grundnahrungsmittel der Andenbewohner. Neben Amarant ist es die einzige Getreideart, die auch noch über 4.000 Metern Höhe angebaut werden kann. Die Samen sind klein wie Senfkörner und von rotbrauner, weißer oder gelber Farbe. Die Quinoapflanze hat weitaus höhere Nährstoffwerte als Getreide, weswegen sie auch als Gold der Inka bezeichnet wird. Die darin vorkommenden Omega-3-Fettsäuren und weitere ungesättigte Fettsäuren findet man ansonsten nur in Fisch. Zudem ist Quinoa reich an Kalzium, Magnesium und Eisen sowie verschiedenen Vitaminen. Die Schale enthält natürliche Bitterstoffe, weswegen ungeschälter Quinoa vor dem Verzehr immer gut gewaschen werden sollte.

Saaten

Leinsamen

Das ist der Samen des echten Leins, den wir auch Flachs nennen. Wir verwenden Leinsamen als Zugabe zu Brot und Müsli vor allem wegen seiner gesundheitlichen Wirkung. Leinsamen muss unbedingt vorquellen – und das mindestens 3 Stunden in heißem Wasser angesetzt.

Mohn

Schlafmohn birgt rund fünfzig Prozent Öl, aber keinerlei giftige Inhaltsstoffe. Wir verwenden Mohn vor allem als Zutat zu bestimmten Teigen, zum Bestreuen von Kleingebäck und – nach Aufkochen mit Milch – zur Bereitung von Füllungen.

Kürbiskerne

Kürbiskerne enthalten wertvolle Inhaltsstoffe, Vitamine und Enzyme, die vor allem auf Reizblase und Prostata ihre positive Wirkung entfalten. Kürbiskerne liefern reichlich ungesättigte Fettsäuren (über 80 Prozent), Vitamin E und Betacarotin sowie Magnesium, Eisen, Zink und Selen. Ihre wichtigsten Inhaltstoffe jedoch sind die Phytosterine, eine Gruppe von bioaktiven Inhaltsstoffen, die Prostatabeschwerden und Blasenleiden vorbeugen bzw. lindern können. Grüne Kürbiskerne kann man einfach so zwischendurch knabbern, sie schmecken aber auch ausgezeichnet im Müsli oder auf Rohkostsalaten aller Art. Kürbiskernbrot und -brötchen sind ebenfalls zu empfehlen.

Sonnenblumenkerne

Sonnenblumenkerne sind gut, gesund und obendrein günstig. Dazu kann man sie sowohl knabbern und zum Kochen oder Backen verwenden als auch ein hochwertiges und preiswertes Öl daraus pressen. Und dann sieht die Sonnenblume selbst auch noch wunderschön und fröhlich aus – durchaus verständlich, dass die Inkas sie als göttlich verehrten!

Sesam

Sesam ist der zerquetschte Samen des Sesamkrautes. Sesam enthält Eiweiß, Mineralien, Kieselsäure und hat einen hohen Fettanteil. Sein Lecithingehalt wirkt sich positiv auf das Nervensystem aus. Wir verwenden Sesamkörner zum Bestreuen von Brot und Kleingebäck.

Flohsamen

Flohsamen sind getrocknete, reife Samen von Plantago psyllium L. (Wegerich-Art), die Schleimstoffe enthalten und im Magen-Darm-Trakt zum 10–40-fachen ihres Volumens aufquellen. Mit diesen Schleimschichten können nicht nur die Gift- und Schlackenstoffe aus dem Darm, sondern auch allergieauslösende Stoffe absorbiert und ausgeschieden werden. Im Unterschied dazu entfernt Leinsamen durch seine Schleimschicht auch gute, lebenswichtige Stoffe wie Kalzium und Vitamine. Flohsamen dagegen ist völlig neutral und mild, weil er nur die krankheitserregenden Stoffe entfernt. Flohsamen sind vom Bundesgesundheitsamt zur Therapie von Verstopfungen und bei Reizdarm als wirksam und unbedenklich bis zur mittleren Tagesdosis von 15 g zugelassen.

Walnüsse, Mandeln, Haselnüsse

Nüsse sind schmackhaft, sättigend und gut für Herz und Kreislauf. Wegen ihres hohen Fettgehaltes galten sie jahrzehntelang für Menschen mit Gewichtsproblemen als „diätuntauglich“ und wenig empfehlenswert. Diese Einschätzung hat sich gründlich geändert, seit bekannt wurde, dass Nüsse nicht nur gut für Herz und Kreislauf, sondern auch fürs Körpergewicht sind. Nussesser sind zumeist schlanker als Menschen, die keine Nüsse knabbern. In moderaten Mengen und ungesalzen sind Nüsse eine sehr wertvolle und schmackhafte Bereicherung unseres Speiseplans.

Brotgewürze

Bei Brot hat man eine große Auswahl an Geschmacksgebung. Jede Region in Österreich, ja auf der ganzen Welt hat ihre typischen Geschmäcker – abhängig von Getreide- und Wasservorkommen (Härtegrad), Salzmenge und verwendeten Gewürzen.
Typische Brotgewürze in Oberösterreich sind Kümmel, Fenchel, Koriander und Anis. Dies sind Brotgrundgewürze und verbessern nicht nur den Geschmack der Brote sondern auch die Verträglichkeit. Diese Gewürze enthalten viele Ätherische Öle und Fette welche dem Verdauungstrakt guttun.

Anis

im Geschmack eher süßlich, aromatisch.

Fenchel

wirkt sehr gut gegen Blähungen, fein aromatisch und kräftig im Geschmack.

Kümmel

typisch für unser Anbaugebiet und Region, fein aromatisch im Geschmack und wirkt gut im Verdauungstrakt.

Koriander

sehr kräftig und pfeffrig scharf im Geschmack, im Bauernbrot ein Muss!

Anis
Koriander
Fenchel
Kümmel

AUFBAU DES GETREIDEKORNS

Alle Getreidekörner setzen sich aus 4 Grundbestandteilen zusammen:

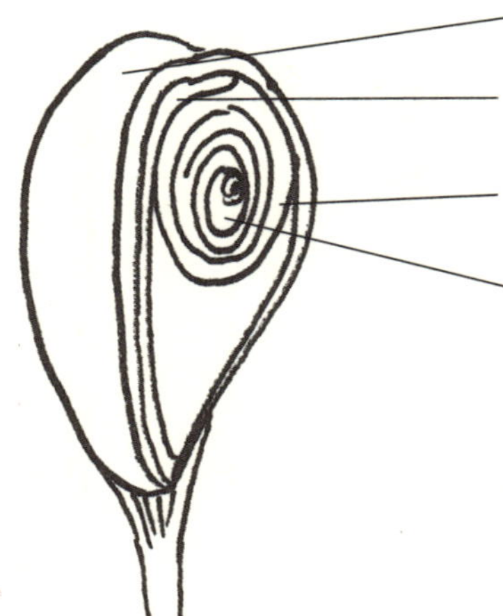

1. Randschichten aus Fruchthülle und Samenschale: reich an Ballast- und Mineralstoffen, Vitaminen
2. Aleuronschicht: vorwiegend Eiweiß, Mineralstoffe und Vitamine, etwas Fett
3. Mehlkörper: vorwiegend Stärke (Kohlenhydrate), daneben Eiweiß und Ballaststoffe
4. Keimling: reich an Fett und Eiweiß, Vitaminen (viel Vitamin E) und Mineralstoffen

Manche Getreidearten packen ihre Körner in eine schützende Hülle ein – die Spelze. Dies sind Hafer, Hirse, Gerste, Dinkel und Einkorn. Spelze und Körner müssen vor dem Vermahlen voneinander getrennt werden.

Vom Korn zum Mehl

1. Reinigung: Dabei werden die Getreidekörner mit Hilfe von Sieben, Luft, Magneten sowie durch Bürsten von Sand, Staub, Unkraut und Fremdkörpern befreit. Die Fruchtschale wird gelockert und je nach Typenzahl (= Ausmahlungsgrad) abgetrennt. In der Regel wird auch vor dem Mahlvorgang der Keimling entfernt, weil er die Lagerfähigkeit des Mehles (Ranzigwerden) beeinträchtigt.
2. Mahlvorgang: Das Getreide wird nun je nach Zermahlungsgrad zerkleinert bzw. gemahlen.
3. Sichten (= sieben und sortieren): Durch unterschiedliche – grobe bzw. feine – Rüttelsiebe werden die Mahlprodukte nach Feinheitsgrad getrennt.

Je nach Zermahlungsgrad (= Grad der Zerkleinerung) unterscheidet man folgende Mahlprodukte: Schrot, Grieß, Dunst (= sehr feiner Grieß, Kindergrieß) und Mehl (griffiges und glattes Mehl):
Glattes Mehl: fein vermahlener Mehlkörper fühlt sich weich an Griffiges Mehl: enthält zusätzlich Dunstanteile fühlt sich körnig an. Die Type kann bei beiden Mehlen gleich sein (z.B. Type 480).

Die Typenzahl

Die im Handel erhältlichen Mehle werden mit Typenzahlen gekennzeichnet. Die Typenzahl gibt Auskunft, wie viel mg Asche (= Mineralstoffe) bei der Verbrennung von 100 g Trockenmehl übrigbleibt (= Ausmahlungsgrad). Sie sagt jedoch nichts darüber aus, ob das Produkt grob oder fein ist.

Im Mehl mit Typenzahl 480 sind 480 mg Mineralstoffe vorhanden. Mehl mit der Typenzahl 1600 enthält dagegen 1600 mg Mineralstoffe. Entsprechend ist bei hoher Typenzahl auch der Gehalt an Vitaminen (B1, B2, Niacin und Vitamin E) höher.

In Österreich werden folgende Typen erzeugt, in Deutschland und in anderen Ländern weichen diese Typenbezeichnungen voneinander ab:

Weizenmehltypen

ÖSTERREICH	DEUTSCHLAND	MEHLSORTE	QUALITÄT
Type W 480	Type 405	Weizenauszugsmehl	Besonders helles, mineralstoffarmes Mehl
Type W 700	Type 550	Weizenkochmehl	Helles Mehl zum Kochen, für Weißbrote besonders gut geeignet. Mehr Mineralstoffe als bei Type W 480.
Type W 1600	Type 1050	Weizenbrotmehl	Teile von Frucht-, Samenschale, Aleuronschicht und Keimling sind enthalten.
Für Vollkornprodukte gibt es aufgrund des stark schwankenden Mineralstoffgehaltes keine Mehltypenzahl.		Weizenvollkornmehl, Weizenvollkornschrot	Die ganzen Getreidekörner werden gemahlen.

Auch das Stärke-Mehl hat keine Mehltype. Es wird nach dem Herauslösen des Eiweißes aus dem Mehlkörper von Weizen, Erdäpfel, Mais und Reis gewonnen.

Roggenmehltypen

ÖSTERREICH	DEUTSCHLAND	MEHLSORTE
Type R 500	Type 815	Roggenvorschussmehl
Type R 960	Type 997 (helles Roggenmehl) oder Type 1150	Roggenbrotmehl
Type R 2500	Type 1050	Schwarzroggenmehl
Roggenvollkornmehl, Roggenvollkornschrot hat keine Typenzahl!		

Bedeutung von Getreide für unseren Körper

In Getreide, Hülsenfrüchten und Nüssen, besonders in den Randschichten davon, ist Phytinsäure enthalten. Sie bindet Mineralstoffe und Spurenelemente im Darm und behindert dadurch ihre Verwertung. Durch die Entfernung der Randschichten ist der Gehalt an Phytinsäure in weißem Mehl geringer als in Vollkornmehl. Da im Vollkornmehl von vornherein wesentlich mehr Vitamine und Mineralstoffe vorkommen, sind selbst nach einer teilweisen Bindung an Phytinsäure immer noch mehr Mineralstoffe als im Auszugsmehl vorhanden. Beim Einweichen von Getreide geht die Substanz teilweise ins Quellwasser über. Kochen zerstört sie überhaupt nicht. Bei der Zubereitung von Brotteig wird die Phytinsäure durch die Tätigkeit der getreideeigenen Phytasen deutlich verringert. Fast vollständig wird sie im Sauerteig abgebaut.

Vorteile von Vollkornmehl

- Höherer Fettgehalt durch hochwertige Öle und fettlösliche Vitamine, die im Keimling enthalten sind. (Aufgrund des Fettgehalts werden Vollkornmehle schneller ranzig.)
- Mehr Vitamine und Mineralstoffe – diese sind v.a. im Keimling, in der Aleuronschicht und in der Frucht- und Samenschale enthalten.
- Mehr Ballaststoffe – diese bewirken eine bessere Darmtätigkeit, erhöhen die Sättigung und sind zur Vorbeugung vor verschiedenen Stoffwechselerkrankungen hilfreich.

Verwenden Sie anstatt Weißmehl Vollkornmehl bzw. mischen Sie das benötigte Mehl halb/halb. Das funktioniert beim Lebkuchen und bei den meisten Keksrezepten (sehr gut bei Mürbteigkeksen). Durch Vollkornmehl wird die Weihnachtsbäckerei nicht kalorien- und fettärmer, aber ballaststoff- und mineralstoffreicher! Deshalb auch bei Vollkornkeksen auf die Menge achten.

WICHTIGE TIPPS UND HINWEISE FÜRS BROTBACKEN

Grundrezept für Brotteig

Mehl + 60–70 % Wasser + 2 % Salz + Triebmittel Hefe oder Sauerteig

- Je mehr Wasser das Mehl aufnimmt, desto besser ist die Backqualität des Getreides bzw. Mehls. Hier hilft nur Ausprobieren und Testen!
- Die Teigzubereitung selbst unterteilt sich in Mischzeit und Knetzeit. Das ist immer bei den jeweiligen Rezepten genau angegeben. Bei roggenbetonten Teige ist die Mischzeit höchstens 8 Minuten. Bei weizenbetonten Teigen ist die Mischzeit ca. 5 Minuten und die Knetzeit mindestens 10 Minuten – Ausnahmen bilden Dinkel, Emmer und Einkorn. Durch den geringeren Klebergehalt darf man diese Teige nur 3–5 Minuten kneten – sie werden sonst immer weicher!
- Die Teigtemperatur bei Broten (z. B. Hausbrot, Vollkornbrote) sollte ca. 30 °C sein, bei Kleingebäck (z. B. Vinschgerl, Vollkorn- oder Weißgebäck) ca. 25 °C (vor allem bei der Wasserzugabe und der Raumtemperatur zu beachten).
- Die Schütttemperatur (= von allen Zutaten in flüssiger Form) darf bei Hefe- und Sauerteigen 40 °C nicht übersteigen. Idealerweise beträgt die Temperatur ca. 30 °C.
- Die Weckerlteige darf man nie zu fest machen, da die Gebäckstücke sonst kleiner bleiben. Hier bedarf es ein wenig Gefühl. Übung macht den Meister!
- Hefe und Salz sollte man nicht zusammengeben!
- Alle Gebäcke immer zuerst zu Kugeln schleifen und entspannen lassen. Dafür formt man die Hand zu einer Kralle und arbeitet mit dem Handballen den Teig auf der Handinnenseite zu einer Kugel. Anschließend muss der Teig zugedeckt (mind. 3–5 Minuten, es muss gar nicht länger sein) ruhen, damit er sich gut entfalten kann. Erst dann kann man ihn weiterverarbeiten.
- Für ein Kilogramm fertiges Brot wiegt man mindestens 15 Prozent dazu, denn beim Backen kommt es zu einem Gewichtsverlust, da Wasser entweicht. Möchte man also 1 Kilogramm Brot, wiegt man das Teigstück auf ca. 1150 Gramm aus, bei einem halben Kilogramm sind es dann ca. 600 Gramm.
- Brote und Gebäck vor dem Backen immer gut aufgehen lassen = garen. Sie brauchen Feuchtigkeit und Wärme. Eine Gärkammer ist natürlich ideal, jedoch im Hausgebrauch nicht immer

vorhanden. In diesem Fall ein Geschirrtuch leicht befeuchten (es sollte nicht zu nass sein!), zum Beispiel mit einer Sprühdose reinen Wassers, und den Teig mit dem Geschirrtuch zudecken. Man kann natürlich auch eine Plastikfolie verwenden, muss dabei aber achtgeben, dass der Teig nicht kleben bleibt (Teig gut stauben!).

- Brote und Kleingebäck kann man einschneiden oder stupfen. Dafür verwendet man ein richtig scharfes Messer oder einen Holzspieß, eine Spicknadel oder eine Stricknadel. Während des Backvorgangs entweichen dem Brot natürliche Gase. Um die ideale optische Krustenbildung zu erreichen, ist es von Vorteil bei manchen Brotsorten, das Brot einzuschneiden oder zu stupfen. Die optische Gestaltung kann jedoch individuell erfolgen, und manche Brote werden charakteristisch sehr ausdrucksvoll auch ohne jegliches Zutun (also Einschneiden). Man sollte seiner Kreativität freien Lauf lassen.
  Optisch kann man Brot und Gebäck auch mit verschiedenen Ölsaaten und Samen „verschönern". Bei Broten, welche in Körben vorgaren und dann auf ein Blech gestürzt werden, werden die Körner in den Korb gestreut. Anschließend das geformte Brot in den Korb hineingeben und garen lassen. Körner halten dadurch fest am Brot und fallen nach dem Backen nicht herunter. Bei Gebäck die gegarten Gebäckstücke mit Wasser besprühen, dann in die gewünschten Körner tunken, aufs Blech geben und backen.
- Zu den Brotformen: Brotkörbe – auch Simperl genannt – müssen, bevor man das geformte Brot hineinlegt, mit dem im Brot verwendeten, gesiebten Mehl gestaubt werden. Kastenformen oder dergleichen müssen mit hocherhitzbarem Fett oder Öl bestrichen werden. Wichtig ist, dazu ein geschmacksneutrales Fett oder Öl zu verwenden (z. B. Kokosfett oder Sonnenblumenöl).
- Brote und Kleingebäcke immer mit Schwaden backen. Das heißt, mit dem Brot kommen ein Wassergefäß (Achtung: hocherhitzbar!) oder Eiswürfel auf ein Blech darunter in den Ofen. Zusätzlich kann man das Blech und das Brot vorher mit Wasser besprühen.

- Brot einschießen ist Bäckerlatein und heißt, das Brot in den vorgeheizten Ofen geben. Das kommt daher, dass die Bäckeröfen so groß sind und das Brot mit langen Brotschiebern in den Ofen hineingegeben werden.
- Brot immer bei abfallender Temperatur backen. Das bedeutet, bei höchster Backtemperatur einschießen (= in den Ofen geben), je nach Farbgebung nach und nach zurückschalten. Genauere Angaben dazu finden sich bei den jeweiligen Rezepten. Roggenbetonte Teige bei Broten mit ca. 250 °C als Anfangstemperatur backen, bis sie eine schöne Farbe bekommen, dann auf 200–180 °C zurückschalten und fertigbacken. Weizenbetonte Brote werden ca. bei 220–200 °C Anfangstemperatur gebacken und bei 180 °C fertigbacken. Keine Angst vor der Hitze, die hohe Anfangstemperatur ist wichtig, damit sich die Rinde richtig ausbilden kann. Auch bei Kleingebäck ist eine relativ hohe Temperatur notwendig, um die richtige Farbgebung zu erreichen und die Saftigkeit zu erhalten. Kleingebäck wird je nach Ofen (ob Heißluft oder Ober- und Unterhitze) bei 220–190 °C gleichbleibender Temperatur gebacken.
- Wenn im Teig kein Ei als Zutat vorgesehen ist und das Gebäck auch nicht mit Ei bestrichen wird, muss Malz, Honig oder Zucker im Teig verwendet werden, da das Gebäck sonst keine schöne Farbe bekommt. Zur äußeren Farbgebung mit Ei-Wasser-Gemisch oder Milch oder Schlagobers bestreichen.
- Generell bäckt 1 Kilogramm Brot 1 Stunde. Wenn man sich unsicher ist, ob das Brot durchgebacken ist, gibt es einen Test. Man nimmt das Brot kurz heraus und klopft an der Unterseite mit dem Knöchel drauf. Wenn es hohl klingt, ist das Brot durchgebacken.
- Das Brot nach dem Backen mit Wasser besprühen und auf einem Holzbrett oder Ofengitter auskühlen lassen. Heißes Brot nie auf dem Blech liegen lassen, denn es würde auf der Unterfläche schwitzen und nass werden!

Hefe- oder Sauerteig?

Sauerteig ist der Geschmack, den die Natur gibt. Beide, Hefe- und Sauerteig, sorgen dafür, dass das Brot aufgeht und das Innere, die Krume, weich und locker werden kann. Der Sauerteig ist eine Mischung von Hefe- und Milchsäurebakterien. Er verleiht dem Brot einen kräftigen Geschmack und hilft, Enzyme abzubauen. Sauerteigbrote sind dadurch in der Regel verträglicher. Außerdem sind Sauerteigbrote länger haltbar. Geschmack und Porung kann man durch eine mehrstufige Führung des Brotteigs intensivieren.

Zubereitung Hefeteig

Es gibt grundsätzlich zwei Möglichkeiten – den der direkten und den der indirekten Teigführung. Bei der ersten Variante werden alle Zutaten direkt zu einem Teig verarbeitet. Bei der indirekten Teigführung hingegen wird erst ein sogenannter Vorteig angesetzt. Dazu einen Teil der Mehlmenge aus dem Rezept mit einem Teil Wasser sowie der gesamten Hefe verrühren. Dann den Teig langsam an einem warmen Ort zugedeckt treiben lassen. Durch eine lange Teigruhe wird weniger Hefe benötigt, und es verhindert den hefigen Geschmack, den das Brot sonst spätestens am 2. Tag annimmt. Das Brot wird auch saftiger und hält länger frisch. Der Vorteig ist immer vorteilhaft und sollte mindestens ein paar Stunden vor dem Hauptmischvorgang angerührt werden. Nach der Ruhephase werden dann die restlichen Zutaten dem Vorteig beigemengt. Dies ist dann der sogenannte Hauptteig. Den Hefeteig nicht zu warm führen (nicht über 20 °C). Je nach Mehl-Art (siehe Seite 44) den Teig mischen und kneten und eine gute halbe Stunde abgedeckt an einem warmen Ort ruhen lassen. Anschließend nur noch drei- oder viermal durchkneten, um den Gärprozess zu unterbrechen und die Luft aus dem Teig zu lassen. Jetzt kann das Brot geformt und gebacken werden.

Zubereitung Anstellgut/Sauerteig

Ein Anstellgut anzusetzen, ist ganz einfach, erfordert nur ein wenig Zeit und Geduld. Die Gärungserreger (wilde Hefen) für den Sauerteig befinden sich auf der Schale des Getreidekorns.

Grundrezept zur Herstellung von Sauerteig

60 Gramm Roggen, frisch vermahlen, und 60 Gramm Wasser (25 °C) zu einem Teig mischen, 24 Stunden stehen lassen und diesen Grundteig nochmals mit 60 Gramm Roggen, frisch vermahlen, 60 Gramm Wasser (25 °C) zu einem Teig vermischen. 24 Stunden stehen lassen und noch einmal mit 60 Gramm Roggenmehl, 60 Gramm Wasser (25 °C) vermischen. Dieser Teig bleibt 12 Stunden stehen, dann ist das Anstellgut, das sofort backfähig ist, fertig.
Nun kann man mit dem Sauerteig bis zu 7 Tage Brotbacken. Das Anstellgut ist im Kühlschrank leicht zugedeckt aufzubewahren und innerhalb der 7 Tage mindestens einmal zu füttern (verjüngen). Das heißt, man gibt dem Anstellgut Roggenmehl und Wasser (25 °C) zu und verrührt dies zu einem weichen Brei (puddingartige Konsistenz). Dieses Ritual kann man bei konsequenter Einhaltung der Zeit mit ein und demselben Teig über Jahre fortsetzen.

Tipps für Vollkornteige – allgemein:

- Der im Vollkornmehl enthaltene Kleieanteil macht so manchen Teig trocken und bröselig. Der Kleieanteil kann durch Sieben der Vollkornmehle für feinere Kuchenteige verringert werden. Die entstandene Kleie (das, was im Sieb zurückbleibt) lässt sich wiederum in Vorteigen für Brot wunderbar verwerten. Die Kleie hat eine längere Quellzeit, kann Wasser sehr gut speichern und hält damit das Brot länger saftig. Wenn man auf das Quellenlassen verzichtet, wird das Brot strohig.
- Bei Mürbteigen je nach Rezeptur und Fettmenge Ei- oder Dottermenge erhöhen, damit der Teig nicht zu trocken wird.
- Je feiner das Vollkornmehl gemahlen ist, desto besser das Backergebnis! Sehr grob gemahlenes Vollkornmehl bedarf einer sehr langen Quellzeit. Dies bei der Zusammenstellung von Rezepten immer beachten, zum Beispiel 1/3 grobes Vollkornmehl mit verschiedenen Körnern verquellen lassen und den Hauptteig mit fein gemahlenem Vollkornmehl oder gesiebtem Mehl aufmischen. Körner und grobes Mahlgut müssen unbedingt eine Quellzeit von mindestens 2 Stunden einhalten.
- Die Backfähigkeit variiert je nach Getreidequalität. Die im Handel angebotenen Mehle werden natürlich auf Backfähigkeit geprüft, jedoch müssen Sie bedenken, dass in handelsüblichen Vollkornmehlen der Keimling entzogen wird, damit sich die Haltbarkeit verlängert (siehe Seite 22).
- Achtung: Gute Getreide- und Mehlsorten, besonders biologische, sind auch bei Ungeziefer (Mehlmotten, Getreidekäfern und dergleichen) beliebt. Auf richtige Lagerung achten, das bedeutet kühl, trocken und luftig (belüftbarer Raum). Ideal ist, wenn ein offener Getreidesack mindestens jeden zweiten Tag bewegt wird (z. B, indem man das Getreide mit einer Getreideschaufel durchmischt).
- Als energiereichste und werterhaltende Vermahlung zeichnet sich die gute alte Steinmühle aus. Heute bekommt man im Handel schon sehr gute Mühlen – auch für den Hausgebrauch.
- Das beste Vollkornmehl zum Backen ist natürlich frisch gemahlen aus der eigenen Mühle, da alle Inhaltsstoffe am besten erhalten bleiben.

Tipps für Vollkornteige – Brot

- Für Vollkornbrote ist immer eine höhere Flüssigkeitszugabe erforderlich. Manche rechnen mit zusätzlich 5 bis 10 % Wasser oder Milch, andere bis zu 1/3. Wie viel es tatsächlich ist, dafür muss man durch die Praxis ein Gefühl entwickeln.
- Mehr Zeit zum Aufquellen brauchen Sie bei feinem Vollkornmehl nicht einzurechnen. Sehr grob gemahlenes Vollkornmehl bedarf hingegen einer sehr langen Quellzeit. Körner und grobes Mahlgut müssen unbedingt eine Quellzeit von mindestens 2 Stunden einhalten.
- Die Knetzeit bei Vollkornteigen auf 10 Minuten verlängern, um den Klebergehalt gut herauszuarbeiten.
- Bei frisch gemahlenem Mehl etwas Vitamin C (in Form von Orangensaft) beigeben, um den Kleber geschmeidiger zu machen.
- Eine kleine Fettzugabe (1/2 % pro kg Mehl – Öl, Schweinefett, Butter, ...) lässt das Vollkornbrot gut binden und ein Bröseln verhindern.
- Durch die Zugabe von Buttermilch, Joghurt oder Sauermilch wird Vollkorn geschmacklich aufgewertet und bleibt länger saftig.
- Dinkel- oder Weizenvollkornbrote werden durch eine geringe Sauerteigzugabe von 50 g pro kg Mehl saftiger und geschmacklich besser. Zur Herstellung von Sauerteig siehe Seite 48.
- Vollkornbrot nach dem Ausformen nach einer kurzen Gare in den Ofen geben. [Foto] Das heißt, man lässt das geformte Brot im Brotsimperl oder -korb oder in der Kastenform am wärmsten Platz in der Küche (z. B. in der Nähe des Ofens, an einem Sonnenplatz bei geschlossenem Fenster, am Kachelofen – nicht zu heiß!) möglichst feucht zugedeckt (um Hautbildung zu verhindern) noch ca. 10–15 Minuten rasten.
- Brot unbedingt einschwaden (siehe Seite 45). Nach dem Fertigbacken das Brot aus dem Ofen nehmen und mit kaltem Wasser besprühen. Eine dicke, starre Rinde wird damit vermieden, der Duft bleibt im Brot und zieht sich ein und das Brot bekommt einen schönen Glanz.
- Vollkornbrote vor dem Anschneiden gut auskühlen lassen.

Wichtige Back-Begriffe

aufarbeiten	das Formen des Teiges
Brotsimperl	geflochtener Korb, in dem das Brot gären kann
einschießen	das Brot in den Ofen geben
Führung, Teigführung	alle Tätigkeiten beim Zubereiten von Brot vom Mischen der Zutaten bis zum Backen
Gare	kurze Rastzeit vor dem Einschießen
Kleie	Sammelbegriff für die bei der Getreideverarbeitung nach Absieben des Mehles zurückbleibenden Rückstände aus Schalen (Samenschale, Fruchtschale), der Aleuronschicht und dem Keimling (siehe auch Seite 38)
schleifen	das Formen von Brotteigen mithilfe der Handinnenflächen
Schwaden	Backen mit Dampf (eine Schüssel mit Wasser bzw. Eiswürfel mit in den Ofen stellen)
Simperl	Brotsimperl
stauben	mit Mehl ausstreuen
stupfen	mittels einer Spicknadel oder dergleichen den Teig einstechen, um Luft entweichen zu lassen
wirken	das Aufarbeiten des Teiges zu einer bestimmten Form
Teigruhe	die Zeit nach und/oder zwischen dem Kneten

Glossar

Aranzini	Orangeat
Biskotte	Löffelbiskuit
Eiklar	Eiweiß
Flesserl	Salz- oder Mohngebäck
Kekse	Plätzchen
Kipferl	Hörnchen
Kokosette	Kokosflocken
Marille	Aprikose
Marmelade	Konfitüre
Ribisel	Johannisbeere
Sauerrahm	saure Sahne
Scherzerl	Brotanschnitt
Schlagobers	Sahne
Semmel	Brötchen
Staubzucker	Puderzucker
Striezel	eine Gebäckart
Topfen	Quark
Vinschgerl	Roggengebäck
Wecken	längliches, mindestens 1 kg schweres Brot
Zwetschke	Pflaume

Abkürzungen

g	Gramm
kg	Kilogramm
ml	Milliliter
cl	Zentiliter
l	Liter
Msp.	Messerspitze
TL	Teelöffel
EL	Esslöffel
Pkg.	Packung

Brotbeutel

BROT

Brotduft – ein Gefühl, zu Hause zu sein, Heimat zu spüren.

ANNIS BAUERNBROT

Mengenangaben für 2 kg Brot

ZUTATEN:

Vorteig:
120 g Roggenmehl T 2500 (Schwarzroggen)
100 g Roggenmehl T 960
100 g Roggenvollkornmehl
150 g Sauerteig (siehe Seite 48)
460 g warmes Wasser (30 °C)
1 TL Honig

Hauptteig:
ca. 420 g warmes Wasser (ca. 30 °C)
620 g Roggenmehl T 960
300 g Weizenmehl T 1600
10 g Hefe
20 g Steinsalz
2 EL Brotgewürz nach Geschmack (1 Teil Koriander/Anis, 2 Teile Kümmel/Fenchel)

ZUBEREITUNG:

Vorteig:
Alle Zutaten zu einem breiigen Teig verrühren und ca. 8 Stunden an einem warmen Ort (mind. 22–25 °C) zugedeckt gehen lassen (der Teig verdoppelt sich!).

Hauptteig:
Vorteig, 2/3 des warmen Wassers, Mehle, Hefe, Steinsalz und Brotgewürz in die Teigschüssel geben. Mit dem Mischen des Teiges beginnen und nach und nach den Rest des warmen Wassers dazugeben, evt. noch etwas Wasser zuschütten (variiert je nach Qualität des Mehles!) und zu einem eher cremigen, mittelfesten Teig mischen, dann ca. 10 Minuten kneten und 1 Stunde an einem warmen Ort (mind. 22 °C) zugedeckt gehen lassen.
Teig in 2 Stücke teilen und daraus Brotlaibe oder Striezel kneten. In einen bemehlten Brotkorb geben und zugedeckt ca. 20 Minuten gehen lassen.

Backen:
Ofen auf 250–300 °C Ober- und Unterhitze vorheizen. Brot auf ein Blech stürzen (oder auf einen Schamottstein), mit Wasser bestreichen, Wassergefäß und Brot in den Ofen einschieben. Nun sofort den Ofen auf 200 °C zurückschalten – so lange, bis das Brot die gewünschte Farbe bekommt –, dann das Brot bei 150 °C fertigbacken.

SCHNELLES BAUERNBROT

Mengenangaben für 1,5 kg Brot

ZUTATEN:

Vorteig:
200 g Weizenmehl T 1600
600 g Roggenmehl T 960
40 g Hefe
ca. 0,5 l lauwarmes Wasser
100 g Sauerteig
20 g Salz
1 EL Brotgewürz, gemischt

ZUBEREITUNG:

Alle Zutaten zu einem mittelfesten Teig mischen – Achtung: Salz nicht direkt zur Hefe geben! – ca. 10 Minuten gut durchkneten. Den Brotteig ca. 30 Minuten gehen lassen, anschließend in 2 Teile teilen und noch einmal gut durchkneten. Zu zwei Laiben wirken und im Brotsimperl ca. 20 Minuten gehen lassen.

Backen:
Ofen auf 250 °C Ober- und Unterhitze vorheizen. Brot auf ein Blech stürzen, mit Wasser besprühen und mit einem scharfen Messer einschneiden oder stupfen. Sobald das Brot die ideale Farbe erreicht hat, bei abfallender Temperatur auf 180 °C fertigbacken.

Mein Tipp:
Dieses Rezept kann auch mit Vollkornmehl zubereitet werden. Dann braucht es aber mehr Flüssigkeit, eine längere Knetzeit und das Brot muss in eine Kastenform gefüllt werden.

KRÄFTIGES ROGGENBROT

Mengenangaben für ca. 2 kg Brot

ZUTATEN:

Vorteig:
220 g Roggenvollkornmehl
100 g Roggenmehl T 960
150 g Sauerteig (siehe Seite 48)
460 g warmes Wasser
1 TL Honig

Hauptteig:
420 g warmes Wasser
620 g Roggenmehl T 960
300 g Roggenvollkornmehl
2–3 EL Brotgewürz
1 EL (20 g) Salz

ZUBEREITUNG:

Vorteig:
Alle Zutaten mischen und 6–8 Stunden bei Zimmertemperatur (mind. 22–25 °C) gehen lassen.

Hauptteig:
Den Vorteig mit den angegebenen Zutaten zu einem mittelfesten Teig gut mischen und etwa 10 Minuten kneten, bei ca. 25 °C zugedeckt ca. 2–3 Stunden gehen lassen, in 2 Teile teilen und Laibe oder Striezel formen. In bestaubten Weidenkörben zugedeckt (feuchtes Tuch) ca. 30–45 Minuten nochmals gehen lassen.

Backen:
Inzwischen den Ofen auf 250–300 °C Ober- und Unterhitze vorheizen. Brot auf ein Blech stürzen, mit Wasser besprühen und mit einem scharfen Messer einschneiden oder stupfen. Brot in den Ofen einschieben und die Temperatur auf 200 °C reduzieren und backen, bis das Brot eine nussig-braune Farbe hat. Bei abfallender Temperatur auf 150 °C fertigbacken.

Mein Tipp:
Mit der Zugabe von 1 % (des gesamten Mehlanteiles) Hefe kann man die Gehzeiten verringern.

SAFTIGES VOLLKORNBROT MIT SAUERTEIGFÜHRUNG

Mengenangaben für 2–3 Kastenformen

ZUTATEN:

Vorteig:

200 g Sauerteig (siehe Seite 48)
250 g Roggenvollkornmehl
50 g Leinsamen (oder Flohsamen)
50 g Sonnenblumenkerne
50 g Kürbiskerne, grob gehackt
ca. 1/4 l warmes Wasser (ca. 30 °C)

Hauptteig:

750 Roggenvollkornmehl
500 g Weizen- oder Dinkelvollkornmehl
35 g Steinsalz
2 EL Brotgewürz
3 EL Sonnenblumenöl
500 ml warmes Wasser (ca. 30 °C)

ZUBEREITUNG:

Vorteig:

Alle Zutaten zu einem breiigen Teig verrühren. Diesen Vorteigansatz ca. 8–10 Stunden zugedeckt bei Zimmertemperatur stehen lassen (am besten am Vorabend zubereiten).

Hauptteig:

Am nächsten Tag den Vorteig mit den Hauptteigzutaten zu einem Teig verkneten (Mischzeit ca. 5 Minuten, Knetzeit ca. 10 Minuten) – der Teig sollte eher weich sein. Nun mindestens 1,5–3 Stunden an einem warmen (mind. 25 °C) Ort gehen lassen. Anschließend in befettete Kastenformen füllen und nochmals zugedeckt ca. 30 Minuten rasten lassen.

Backen:

Ofen auf 250–300 °C Ober- und Unterhitze vorheizen. Brot einschieben und nun sofort die Temperatur auf ca. 200 °C zurückschalten, Gefäß mit Wasser einstellen. Nach ca. 20 Minuten die Hitze auf 180 °C reduzieren. Um eine gute Kruste zu erlangen, gibt man das Kastenvollkornbrot die letzte Viertelstunde aus den Formen und bäckt es die restliche Zeit auf dem Gitter oder einem Blech fertig.

Mein Tipp:

Falls einmal nicht so viel Zeit ist, kann man diesem Brot auch im Hauptteig 40 g Hefe beimengen. Nun den Brotteig ca. 45 Minuten und in den Formen ca. 15 Minuten gehen lassen.

WÜRZIGER HOFLAIB

Mengenangaben für 2 kg Brot

ZUTATEN:

Vorteig:
310 g feines Roggenvollkornmehl
60 g Dinkelvollkornmehl
150 g Sauerteig (siehe Seite 48)
600 ml warmes Wasser (ca. 30 °C)
1 TL Honig
60 g Flohsamen

Hauptteig:
125 ml Buttermilch
375 ml warmes Wasser (ca. 30 °C)
400 g feines Roggenvollkornmehl
400 g feines Dinkelvollkornmehl
10 g Hefe
25 g Salz
1 EL Koriander
1 EL Kümmel
1 EL Fenchel, im Mörser zerdrückt
4 EL Sonnenblumenöl

ZUBEREITUNG:

Vorteig:
Alle Zutaten gut zu einem breiigen Teig verrühren und an einem warmen Ort (22–25 °C) zugedeckt 6–8 Stunden gehen lassen.

Hauptteig:
2/3 der flüssigen Zutaten zum Vorteig geben, Mehle, Hefe, Salz, Gewürze und Öl dazugeben. Dies zu einem mittelfesten Teig mischen, nach und nach die restliche Flüssigkeit beimengen, bis ein weicher, geschmeidiger Brotteig entsteht. Diesen ca. 15 Minuten kneten. Teigruhe bei Zimmertemperatur (mindestens 22 °C) ca. 1 Stunde. Nun 2 Laibe formen, diese im mit Dinkelvollkornmehl gestaubten Brotsimperl ca. 15 Minuten zugedeckt gehen lassen. Auf ein Backblech stürzen, mit Wasser besprühen und backen.

Backen:
Ofen auf 250 °C Ober- und Unterhitze vorheizen, Brot einschießen und Wasserbehälter mit einstellen.
Nach ca. 10 Minuten auf 200 °C zurückschalten und nach ca. 45 Minuten auf 150 °C zurückschalten und Brot fertigbacken.
Dieses Brot hat eine nussig-braune Farbe und eine rissige, rustikale Rinde.

DIE WIRKUNG VON FLOHSAMEN

Der verquollene Flohsamen im Brot hält dieses schmackhafte Vollkornbrot über mehrere Tage saftig und sorgt für eine gute Verdauung.

DINKELVOLLKORNBROT

Mengenangaben für 2 kg Brot

ZUTATEN:

Vorteig:
250 g Dinkelkleie
25 g Leinsamen
50 g Braunhirse, fein gemahlen
1 EL Rohzucker
75 g Dinkel- oder Roggensauerteig (siehe Seite 48)
400 ml warmes Wasser (30 °C)

Hauptteig:
500 ml warme Buttermilch (ca. 30 °C)
1150 g Dinkelvollkornmehl, gesiebt
1 Apfel (Sorte Arlet oder Gala), geraspelt
30 g Hefe
30 g Salz
1 EL Brotgewürz (kein Koriander)
2 EL Oliven- oder Sonnenblumenöl

hocherhitzbares Öl zum Befetten der Form

ZUBEREITUNG:

Vorteig:
Alle Zutaten zu einem breiigen Teig gut verrühren und an einem warmen Ort (22–25 °C) zugedeckt 5–8 Stunden gehen lassen.

Hauptteig:
Vorteig und Buttermilch in eine Rührschüssel geben, alle restlichen Zutaten dazugeben. Achtung: Salz nie zur Hefe geben – Salz zerstört die Hefebakterien! Nun den Teig gut mischen – eventuell noch etwas warmes Wasser zufügen (der Teig soll eher weich sein) und ca. 5 Minuten kneten. Den Teig mindestens 30 Minuten entspannen lassen, nochmals zusammenkneten und je nach Kastenform 2 oder 3 Striezel formen, in die mit hocherhitzbarem Öl gefettete Kastenform geben und nochmals ca. 10 Minuten gehen lassen. Brot mit nassem, scharfem Messer einschneiden (siehe Bild) und mit Wasser besprühen.

Backen:
Ofen auf 240 °C Ober- und Unterhitze vorheizen, Brot einschießen und den Ofen sofort auf 200 °C zurückschalten. So lange, bis das Brot die gewünschte Farbe hat, mit 200 °C backen, dann auf 150 °C zurückschalten und das Brot fertigbacken.

Mein Tipp:
Der gute Dinkel hat eine dicke Kleieschicht – diese macht Gebackenes aus Dinkel gerne trocken. Um dem entgegenzuwirken, sollte man bei Broten, die mit Dinkel gebacken werden, generell Quell- oder Vorteige machen. Noch saftigere Ergebnisse erzielt man, indem man die gesiebte Kleie in den Vorteig oder Quellteig gibt und den Hauptteig mit dem gesiebten Dinkelmehl mischt.

RUSTIKALES URKORNBROT

Mengenangaben für 6 Stück zu 0,5 kg Brot

ZUTATEN:

1500 g Roggenvollkornmehl
750 g Einkornvollkornmehl
0,5 l zimmerwarme Buttermilch
1 l warmes Wasser (ca. 28 °C)
70 g Salz
300 g flüssiger Sauerteig (siehe Seite 48)
50 g Hefe
50 g Schmalz oder Butter
200 g mehlige Erdäpfel, gekocht und gerieben
10 g Brotgewürz

ZUBEREITUNG:

Für den Hauptteig das Roggen- und Einkornvollkornmehl mit allen Zutaten zu einem geschmeidigen Teig mischen – Achtung: Salz nie zur Hefe geben! –, den Vollkornteig ca. 15 Minuten gut durchkneten, dann ca. 30 Minuten entspannen lassen. Den Teig nochmals kurz durchkneten, 15 Minuten entspannen lassen, Teigstücke mit ca. 600 g auswiegen, in Einkornvollkornmehl wälzen und gedreht aufs Blech legen. Nun ca. 10 Minuten zugedeckt gehen lassen und vor dem Backen mit Wasser besprühen.

Backen:
Gefäß mit Wasser in den Ofen stellen. Brote bei 250 °C Ober- und Unterhitze einschießen, zurückschalten auf 220 °C, bis die gewünschte Farbe erreicht ist, und bei 170 °C fertigbacken. Die Backzeit beträgt insgesamt ca. 40 Minuten.

SONNENBLUMEN- ODER WALNUSSBROT

Mengenangaben für 3 kg Brot

ZUTATEN:

Vorteig:
415 g feine Roggenkleie
(von gesiebtem feinem
Roggenvollkornmehl, (siehe Seite 49)
85 g Weizenschrot
160 g Sauerteig (siehe Seite 48)
1 EL Honig
160 g Leinsamen
800 ml warmes Wasser (ca. 30 °C)

Hauptteig:
500 ml warmes Wasser (ca. 30 °C)
530 g Roggenvollkornmehl, gesiebt
oder Roggenmehl T 960
530 g Weizenvollkornmehl, gesiebt
oder Weizenmehl T 1600
35 g Hefe
35 g Salz
3 EL Brotgewürze
160 g Sonnenblumen- oder
Walnusskerne

Sonnenblumen- oder Walnusskerne
zum Bestreuen (nach Belieben)

ZUBEREITUNG:

Vorteig:
Alle Zutaten zu einem breiigen Teig gut vermischen und ca. 12 Stunden an einem warmen Ort zugedeckt stehen lassen (nicht unter 22 °C).

Hauptteig:
Vorteig mit 2/3 des warmen Wassers, Mehlen, Hefe, Salz und den Brotgewürzen zu einem Teig vermengen, restliches Wasser – evtl. noch zusätzlich etwas warmes Wasser – zugeben. Diesen Teig gut mischen und ca. 10 Minuten kneten. Nun die Sonnenblumen- oder Walnusskerne kurz einkneten. Diesen Teig 1 Stunde gehen lassen, in Stücke teilen, Laibe oder Striezel in gewünschter Größe und Form formen und diese in gestaubten Brotkörben nochmals 15 Minuten gehen lassen.

Backen:
Ofen auf 250 °C Ober- und Unterhitze vorheizen, Brote auf ein Backblech stürzen, mit Wasser bestreichen und mit den jeweiligen Körnern bestreuen. Brot einschießen, Wasserbehälter mit einstellen, nach ca. 10 Minuten auf 200 °C zurückschalten und nach ca. 45 Minuten auf 150 °C zurückschalten und Brot fertigbacken.

DINKELTOASTBROT

Mengenangaben für 2 kg Brot

ZUTATEN:

1500 g Dinkelvollkornmehl oder Dinkelmehl T 700, gesiebt
900 ml warmes Wasser (ca. 30 °C)
1,5 EL Rohzucker
50 g Hefe
30 g Salz
25 g zimmerwarme Butter

hocherhitzbares Öl zum Befetten der Form

ZUBEREITUNG:

Alle Zutaten zu einem geschmeidigen, sehr weichen Teig mischen und kurz kneten. Diesen Teig ca. 30 Minuten gehen lassen, dann in 2 Stücke teilen, Striezel formen und in mit hocherhitzbarem Öl gefettete Kastenformen füllen. Nochmals ca. 10 Minuten gehen lassen.

Achtung: Da Dinkel weniger Klebergehalt hat, wird Teig aus Dinkelmehlen bei zu langer Knetzeit schlaff und kraftlos!

Backen:
Ofen auf 220 °C Ober- und Unterhitze vorheizen. Brot mit scharfem, nassem Messer einschneiden, mit Wasser besprühen und in den Ofen einschießen. Gefäß mit Wasser in den Ofen stellen. Nun das Brot mit 220 °C so lange backen, bis es eine goldbraune Farbe hat, dann auf 160 °C zurückschalten und fertigbacken.

Mein Tipp:
Dieses Toastbrot lässt sich in Stücke geschnitten gut einfrieren – im Toaster bei Bedarf auftauen!

DINKELCIABATTA

Mengenangaben für 6 Ciabattas zu ca. 250 g

ZUTATEN:

800 g Dinkelvollkornmehl
250 ml warmes Wasser (ca. 28 °C)
40 g Hefe
4 EL Olivenöl
20 g Salz

ZUBEREITUNG:

Das Dinkelvollkornmehl mit einem Mehlsieb sieben und die Kleie mit dem warmen Wasser ca. 2 Stunden vorquellen lassen. Den Quellteig mit den restlichen Zutaten zu einem Teig mischen und ca. 5 Minuten kneten, bis er geschmeidig ist. Diesen Teig nun zu einem Laib zusammenarbeiten und die Luft gut auskneten. In einer mit Mehl dicht gestaubten Schüssel an einem warmen Ort zugedeckt ca. 30 Minuten gehen lassen. Teig an der Oberfläche stauben und aus der Schüssel auf die Arbeitsfläche stürzen. Nun den Teig mit einer scharfen Teigkarte in längliche Stücke teilen, auf ein mit Backpapier belegtes Backblech legen und wieder 15 Minuten gehen lassen. Die Teigteile mit der Teigkarte wenden und nochmals 15 Minuten gehen lassen. Jetzt werden die Ciabattas mit Wasser besprüht und in den Ofen geschoben.

Backen:
Den Ofen auf 220 °C Ober- und Unterhitze vorheizen, Ciabattas in den Ofen schieben (Wassergefäß beistellen) und sofort auf 180 °C zurückschalten. Die Backzeit beträgt 15–20 Minuten – je nach Größe der Stücke. Nach dem Backen die Ciabatta mit Wasser besprühen und auskühlen lassen.

Mein Tipp:
Das Rezept für Ciabatta kann man beliebig ändern, indem man in den Teig Zutaten wie Oliven, Paprika, Kümmel, getrocknete Tomaten, Zwiebeln, Knoblauch, Nüsse oder Kräuter gibt. Besonders beliebt ist das Ciabatta mit Oregano.

Buchweizenbrot

BUCHWEIZENBROT

Mengenangaben für ca. 1 kg Brot, glutenfrei

ZUTATEN:

300 g Buchweizenvollkornmehl, fein vermahlen
200 g Maismehl, fein vermahlen
20 g Braunhirsemehl, fein vermahlen
10 g Brotgewürz, geschrotet
ca. 400 g warmes Wasser (ca. 30 °C)
20 g Salz
30 g Hefe
1 TL Honig
1 gehäufter TL Weinsteinbackpulver
2 EL Sonnenblumenöl
hocherhitzbares Öl zum Befetten

ZUBEREITUNG:

Buchweizen-, Mais- und Braunhirsemehl sowie Brotgewürz vermischen, 2/3 des Mehles mit dem Großteil des warmen Wassers vermengen und mindestens 2 Stunden quellen lassen. Dann den Rest des Mehles mit allen anderen Zutaten zu einem sehr weichen Teig mischen (eventuell Wassermenge erhöhen, kuchenteigähnliche Konsistenz!). Während des Mischvorganges das Öl nach und nach zugeben. Den Teig 30 Minuten entspannen lassen und noch einmal durchkneten. Nach einer weiteren Teigruhe von 15 Minuten auf mit hocherhitzbarem Öl befettete Kastenformen aufteilen und ca. 10 Minuten zugedeckt gehen lassen. Mit Wasser besprühen und mit einem nassen Messer einschneiden.

Backen:
Den Ofen auf 250 °C Ober- und Unterhitze vorheizen. Gefäß mit Wasser einstellen. Gleich nach dem Einschießen der Brote den Ofen auf ca. 180 °C zurückschalten und fertigbacken.

MAISBROT

Mengenangaben für ca. 1 kg Brot, glutenfrei

ZUTATEN:

300 g feines Maismehl
220 g Buchweizenmehl
10 g Brotgewürz
ca. 350 g warmes Wasser (ca. 30 °C)
30 g Salz
30 g Hefe
1 gehäufter TL Weinsteinbackpulver
50 g Sonnenblumenöl

hocherhitzbares Öl zum Befetten
Buchweizen, geschrotet, zum Bestreuen (nach Belieben)

ZUBEREITUNG:

Mais- und Buchweizenmehl sowie Brotgewürz fein vermahlen, 2/3 der Mehlmischung mit dem Großteil des warmen Wassers vermischen und mindestens 1 Stunde quellen lassen. Dann den Rest der Mehlmischung mit allen anderen Zutaten zu einem weichen Teig mischen, nach und nach das Öl zugeben. Den Teig 30 Minuten entspannen lassen und noch einmal durchkneten. Nach einer weiteren Teigruhe von 15 Minuten in mit hocherhitzbarem Öl befettete Kastenformen geben und ca. 20 Minuten zugedeckt gehen lassen, mit Wasser bestreichen und eventuell mit grob geschrotetem Buchweizen bestreuen.

Backen:
Ofen auf 250 °C Ober- und Unterhitze vorheizen. Brot einschießen und Gefäß mit Wasser beistellen. Bei guter Farbe auf ca. 180 °C zurückschalten und fertigbacken.

STÖRBROT

Mengenangaben für 2 kg Brot

ZUTATEN:

1050 g Roggenmehl T 500 (Weißroggen)
400 g Weizenmehl T 480
20 g Salz
1 EL Anis, geschrotet
1/2 EL Kümmel, geschrotet
1/2 EL Fenchel, geschrotet
1 EL Honig
40 g Hefe
50 g Sauerteig (siehe Seite 48)
800 ml warmes Wasser (ca. 30 °C)
Anis zum Bestreuen

ZUBEREITUNG:

Alle trockenen Zutaten vermischen, Honig, Hefe und Sauerteig beifügen und mit warmem Wasser nach und nach zu einem geschmeidigen Teig vermischen. Diesen 5 Minuten gut durchkneten, mit Mehl leicht anstauben und feucht zugedeckt mindestens 30 Minuten an einem warmen Ort gehen lassen. In Stücke teilen, Laibe wirken und diese in gestaubten Brotkörben ca. 15 Minuten aufgehen lassen.

Backen:
Ofen auf 250 °C Ober- und Unterhitze vorheizen, Brote aufs Blech stürzen, mit einem scharfen Messer auf der Oberseite kreuzweise einschneiden, mit Wasser bestreichen und mit Anis bestreuen. Wassergefäß mit in den Ofen stellen und das Brot bei 250 °C in den Ofen einschieben, sofort auf 200 °C zurückschalten, bis das Brot die gewünschte Farbe erlangt. Jetzt den Ofen auf 150 °C zurückschalten und das Brot fertigbacken.

Dieses traditionelle Brot hat eine sehr krustige Rinde und eine üppige, flaumige Form.

DIE GESCHICHTE ZUM STÖRBROT

Störbrot ist in weiten Teilen Oberösterreichs als Feiertagsbrot bekannt und wird vor allem traditionell zum Stefanitag am 26. Dezember gebacken. Um diesen Tag kommen in den Landgemeinden die jungen Burschen zu den Mädchen, um den Störlaib anzuschneiden. Der Bursch muss den Brotlaib mit seinem Taschenmesser so anschneiden, dass der Laib alleine am Tisch stehen bleibt und das Scherzerl in ein Zündholzschachterl passt – nur so hat er eine Chance, das Mädchen des Hauses zu erobern. Da die Burschen meist in Gruppen kommen, wird daraus ein sehr lustiger Wettbewerb!

DER URSPRUNG DES THOMASWECKEN

Das Backen des Thomaswecken war Brauchtum vor ca. 100 bis 150 Jahren in Teilen Oberösterreichs. Der Thomaswecken, auch „Armeleutwecken" genannt, war eine kleine Gabe der Bauern an die Bettler der Umgebung vor Weihnachten. Der Namenstag vom heiligen Thomas wurde über lange Zeit am 21. Dezember gefeiert – heute meist am 3. Juli. Wir am Bio-Hof Pevny feiern dieses Ritual jedes Jahr um den 21. Dezember mit dem Fest der Wintersonnenwende. Stimmungsvoller Advent am Bauernhof, Bio-Kulinarik, Kekserlmarkt, Urdrummer, große Sonnwendfeuer, Räuchern und Besinnen auf die Weihnacht lassen uns den Alltagstrubel rund um Weihnachten vergessen.

THOMASWECKEN

Mengenangaben für ca. 10 Stück

ZUTATEN:

1000 g Weizenmehl T 700
50 g zimmerwarme Butter
50 g Honig oder Zucker
50 g Hefe
20 g Salz
600 ml lauwarme Milch (ca. 30 °C)

ZUBEREITUNG:

Das Mehl und die zimmerwarme Butter mit allen anderen Zutaten zu einem geschmeidigen Teig mischen und ca. 10 Minuten kneten. Diesen Teig etwa 20 Minuten zugedeckt ruhen lassen.

Verarbeitung:

Teig nochmals zusammenkneten und in gleichmäßige Stücke zu je 150 g teilen, zu Kugeln schleifen und zugedeckt entspannen lassen. Nun klopfen wir jeder Kugel die „Luft" heraus, bis sie eine längliche, flache Form hat. Das Herausklopfen der Luft hat eine besondere Bedeutung: Es werden damit die Gegebenheiten – gute oder weniger gute – des zurückliegenden Jahres verarbeitet.

Diese Teigfladen gilt es nun mit Schwung – mit Vorfreude auf das kommende Jahr – mit nur einer Hand in der Mitte der Längsseite zusammenzurollen. Jeder Wecken wird individuell.

Backen:

Den Ofen auf 220 °C Ober- und Unterhitze vorheizen, Thomaswecken mit Wasser besprühen, in den Ofen schieben (Wassergefäß beistellen) und sofort auf 180 °C zurückschalten. Die Backzeit beträgt 15–20 Minuten – je nach Größe der Stücke. Nach dem Backen die Thomaswecken mit Wasser besprühen und auskühlen lassen.

EINKORNBAGUETTE

Mengenangaben für ca. 8-10 Stück

ZUTATEN:

Quellteig:
750 g Einkornvollkornmehl
1 EL Honig
750 ml heißes Wasser (bis zu 60 °C)

Hauptteig:
750 g Weizenmehl T 700
50 g Hefe
30 g Salz
30 g zimmerwarme Butter
evtl. etwas kaltes Wasser

ZUBEREITUNG:

Quellteig:
Alle Zutaten zu einem breiigen Teig vermischen und mindestens 2 Stunden quellen lassen.

Hauptteig:
Den Quellteig mit dem Weizenmehl, der Hefe und dem Salz zu einem geschmeidigen Teig vermischen, die zimmerwarme Butter einkneten und eventuell noch etwas kaltes Wasser beimengen. Nun den Teig mindestens 10 Minuten kneten und zu einem großen Laib formen. Eine viereckige Schüssel mit Einkornvollkornmehl dick stauben, den Laib hineinlegen und an der Oberseite ebenfalls mit Einkornvollkornmehl bestauben. Den Baguetteteig nun 1 Stunde zugedeckt (feuchtes Tuch! – Teig darf keine „Haut" bekommen) an einem kühleren Ort (kein Zug!) gehen lassen. Den Teig aus der Schüssel auf die Arbeitsfläche stürzen, 8–10 Stücke (je ca. 200–250 g) mit einer scharfen Teigkarte herunterstechen und gedreht auf ein mit Backpapier belegtes Blech legen. Nun etwa 15 Minuten gehen lassen.

Backen:
Den Ofen auf 220 °C Ober- und Unterhitze vorheizen, Baguettes mit Wasser besprühen, in den Ofen schieben (Wassergefäß beistellen) und sofort auf 180 °C zurückschalten. Die Backzeit beträgt 15–20 Minuten – je nach Größe der Stücke. Nach dem Backen die Baguettes mit Wasser besprühen und auskühlen lassen.

Einkornbaguette

ERDÄPFEL-VOLLKORN-STANGERL

Mengenangaben für ca. 15–20 Stück

ZUTATEN:

300 g mehlige Erdäpfel, gekocht
300 g Weizen- oder Dinkelvollkornmehl
100 g Butter
1 TL Salz
1 Ei für den Teig
1 Ei zum Bestreichen, verquirlt
100 g Käse, gerieben
60 Kürbiskerne, gehackt

ZUBEREITUNG:

Die gekochten Erdäpfel schälen und passieren. Nach dem Auskühlen mit Mehl, Butter, Salz und Ei auf dem Brett zu einem Teig verkneten. Teig zu einem Rechteck ausrollen, mit Ei bestreichen, der Länge nach eine Hälfte mit geriebenem Käse und gehackten Kürbiskernen bestreuen. Zweite Teighälfte darüberschlagen und gut andrücken, nochmals mit Ei bestreichen. Mit dem Teigrad ca. 2 cm breite Streifen herunterschneiden, diese mehrmals drehen und auf ein mit Backpapier belegtes Blech legen (siehe auch Seite 92).

Backen:
Bei 220 °C Heißluft ca. 15 Minuten backen.

VOLLKORNWECKERL

Mengenangaben für ca. 15 Stück

ZUTATEN:

1 EL Flohsamen
1/16 l warmes Wasser
500 g Weizen- oder Dinkelvollkornmehl
1 TL Salz
2 EL Erstpressöl
2 TL Brotgewürz
30 g Hefe
1/4 l Buttermilch
Ei zum Bestreichen
Sesam, Mohn oder Kümmel zum Bestreuen

ZUBEREITUNG:

Flohsamen mit warmem Wasser ca. 2 Stunden quellen lassen. Aus den Zutaten einen Hefeteig bereiten (bei Dinkelmehl nur kurz kneten – hat weniger Klebergehalt!), ca. 15 Minuten gehen lassen, nochmals gut durchkneten und eine Rolle formen, gleichmäßige Stücke abschneiden, verschiedene Weckerl formen, mit Ei bestreichen und beliebig bestreuen. Weckerl auf ein mit Backpapier belegtes Blech legen, nochmals kurz aufgehen lassen.

Backen:
Ofen auf 220 °C Heißluft vorheizen und mit einem Gefäß Wasser ca. 15–20 Minuten backen.

KRÄUTERHERZEN

Mengenangaben für ca. 25–30 Stück

ZUTATEN:

500 g Dinkelvollkornmehl
500 g Weizenmehl T 700 (oder Dinkelmehl T 700)
1 EL Salz
4 EL Erstpressöl
1 EL Honig
je 1 TL Kümmel und Fenchel, geschrotet
60 g Hefe
ca. 1/8 l kaltes Wasser
0,5 l Buttermilch
frische Kräuter wie etwa: Ysop, Petersilie, Estragon, Salbei, Selleriegrün, Kerbel, Thymian – oder frische Blüten wie etwa: Gänseblümchen, Himmelschlüssel, Hänsel und Gretel, Veilchen, Holunder, Rosenblüten, Rotklee, Flieder, Kornblumen – je nach Jahreszeit

ZUBEREITUNG:

Aus allen Zutaten samt den fein gehackten Kräutern oder Blüten (die Blüten erst zum Schluss mit der Hand einkneten, damit sie ersichtlich bleiben) einen mittelfesten Hefeteig zubereiten und 20 Minuten entspannen lassen. Nochmals gut durchkneten und eine Rolle formen. Gleichmäßige Stücke abschneiden (ca. 70 g), Teigstücke schleifen, einige Minuten entspannen lassen. Mit der Teigkarte bis in die Mitte einstechen und auf der gegenüberliegenden Seite mit den Fingern zusammenzwicken. Die geformten Herzen aufs Blech legen, Oberfläche mit Ei bepinseln und beliebig bestreuen, nochmals kurz aufgehen lassen.

Backen:
Ofen auf ca. 220 °C Heißluft vorheizen und Herzen ca. 15–20 Minuten backen. Entweder Wasser einstellen oder auf das Blech etwas Wasser aufsprühen.

BRENNNESSELBLÄTTER

Mengenangaben für ca. 15 Stück

ZUTATEN:

300 g Dinkelvollkornmehl
200 g Roggenvollkornmehl
500 g Weizenvollkornmehl, gesiebt
60 g Hefe
1,5 EL Honig
1 EL Salz
ca. 0,6 l kaltes Wasser
50 g zimmerwarme Butter
2 kleine Zwiebeln, gewürfelt
etwas Öl
150 g junge Brennnesselspitzen, in Streifen geschnitten

ZUBEREITUNG:

Mehle, Hefe, Honig, Salz und Wasser zu einem Hefeteig verarbeiten und 10–12 Minuten kneten. Anschließend 10 Minuten gehen lassen, dann zimmerwarme Butter in den Teig einkneten. Zwiebeln in etwas Öl glasig dünsten, die Brennnesselspitzen 2–3 Minuten mitdünsten, überkühlen lassen und in den Teig kneten. Teig nochmals gut aufgehen lassen und danach zu einer Rolle formen, ca. 2 cm dicke Scheiben abschneiden und in Blattform drücken. Noch einmal gehen lassen, vor dem Einschießen mit scharfem Messer Blattrillen einschneiden und mit Wasser besprühen.

Backen:
Im vorgeheizten Ofen bei ca. 220 °C Heißluft ca. 15–20 Minuten backen.

ÜBER DIE BRENNNESSEL:

Die Brennnessel ist eine Pflanze, die uns hilft, in den Frühling zu starten. Die Brennnessel wirkt stoffwechselanregend und blutreinigend. Dank ihres hohen Eisengehalts ist sie darüber hinaus blutbildend.

KNUSPRIG-WÜRZIGE URKORNKRÄUTERFLADEN

Mengenangaben für ca. 8 Fladen

ZUTATEN:

Vorteig:
350 g Einkornvollkornmehl
150 g Roggenvollkornmehl
40 g Sauerteig (siehe Seite 48)
40 g Hefe
1/4 l warmes Wasser (ca. 28 °C)
1 TL Honig

Hauptteig:
50 g Sonnenblumenkerne
50 g gemahlene Braunhirse
1/8 l warmes Wasser (ca. 28 °C)
1 TL Salz
1 TL Rosmarin
1 TL Basilikum
1 TL Oregano und Thymian, frisch gehackt oder getrocknet und gerebelt
etwas Sonnenblumen- oder Olivenöl

ZUBEREITUNG:

Mehle für den Vorteig in eine Schüssel geben, mit Sauerteig, Hefe, Wasser und Honig zu einem Teig verkneten und ca. 30 Minuten gehen lassen. Die restlichen Zutaten beimengen und ca. 10 Minuten gut durchkneten. Teig mit Sonnenblumen- oder Olivenöl bestreichen und ca. 45 Minuten gehen lassen. Teig nochmals zusammenkneten und in ca. 8 Stücke teilen.
Die Teigteile schleifen und auf der leicht gestaubten Arbeitsfläche dünn auswalken oder mit den Händen flachdrücken (siehe Bild), auf ein mit Papier ausgelegtes Blech legen und erneut mit Öl bestreichen.

Backen:
Vor dem Einschießen mit Wasser besprühen.
Bei ca. 200–220 °C Heißluft auf mittlerer Schiene ca. 20 Minuten backen.

Mein Tipp:
Dieses Rezept eignet sich besonders gut fürs Backen im Lehmofen oder auf dem Griller (Schamottstein).

MARMORIERTES WEIẞBROT

Mengenangaben für ca. 20 Stück

ZUTATEN:

Quellteig:
200 g Einkorn- oder Dinkelvollkornmehl, fein vermahlen
500 ml heißes Wasser (bis zu 60 °C)
1 TL Rohzucker

Hauptteig:
800 g Weizenmehl T 700 oder T 480
40 g Hefe
20 g Salz
20 g zimmerwarme Butter
etwas kaltes Wasser (nach Bedarf)

ZUBEREITUNG:

Quellteig:
Alle Zutaten zu einem breiigen Teig vermischen und mindestens 2 Stunden quellen lassen.

Hauptteig:
Den Quellteig mit dem Weizenmehl, der Hefe und dem Salz zu einem geschmeidigen Teig vermischen, die zimmerwarme Butter einkneten und eventuell noch etwas kaltes Wasser beimengen. Nun den Teig mindestens 10 Minuten kneten und 10 Minuten entspannen lassen. Diesen Teig in kleine Stücke teilen (für Gebäck ca. 70 g) und zu Kugerl schleifen.
Nun kann man aus diesen Teigkugeln beliebige Gebäcke formen: Mohnflesserl, Handstangerl, Salzstangerl, Sonnensemmel, Spitzweckerl, Bierbrezen usw.

Backen:
Das Brot vor dem Einschießen mit Wasser besprühen und ein Gefäß mit Wasser in den Ofen einstellen. Bei ca. 200–220 °C Heißluft ca. 20 Minuten backen.

Für Bärlauchstangerl:

Den Teig zu einem rechteckigen Teigfleck mit ca. 0,5 cm Dicke ausrollen und mit Wasser bestreichen. Die untere Hälfte davon mit geriebenem Käse und fein geschnittenem Bärlauch bestreuen, die obere Hälfte des Teiges darüberlegen und leicht andrücken. Mit einem Teigrad oder einem scharfen Messer Stangerl schneiden, die am Blech leicht eingedreht werden.

ROGGENVINSCHGERL

Mengenangaben für ca. 20–25 Stück

ZUTATEN:

Vorteig:
200 g Roggenvollkornmehl
100 g Sauerteig (siehe Seite 48)
1 EL Honig
500 ml warmes Wasser (ca. 28 °C)

Hauptteig:
600 g feines Roggenvollkornmehl
200 g Roggenmehl T 960
1 EL Brotgewürz (Koriander, Kümmel, Fenchel)
40 g Hefe
1 EL Salz
ca. 200 ml warmes Wasser (ca. 28 °C)

ZUBEREITUNG:

Vorteig:
Alle Zutaten zu einem breiigen Teig verrühren und ca. 5 Stunden an einem warmen Ort stehen lassen.

Hauptteig:
Vorteig mit etwas warmem Wasser und den Zutaten des Hauptteiges zu einem eher weicheren Teig vermischen und 10 Minuten kneten. Diesen Teig an einem warmen Ort zugedeckt 30 Minuten gehen lassen, in gleichmäßige Stücke teilen (je ca. 100 g) und zu runden Kugeln schleifen. Diese Kugeln 15 Minuten entspannen lassen, zu kreisförmigen Fladen flachklopfen, aufs Blech legen und wiederum 15 Minuten gehen lassen. Mit einer Spicknadel oder einem Spieß einige Male einstechen und mit Wasser besprühen.

Backen:
Ofen auf 250 °C Ober- und Unterhitze vorheizen, Fladen einschießen, Wassergefäß mit einstellen und sofort auf 220 °C zurückschalten. Etwa 15–20 Minuten backen und abschließend mit Wasser besprühen.

Mein Tipp:
Dieses Rezept eignet sich sehr gut zum Backen im Lehm- oder Holzofen.

PIZZASCHIFFERL

Mengenangaben für ca. 15–20 Stück

ZUTATEN:

Pizzateig:
300 g Einkornvollkornmehl
700 g Weizenmehl T 480
20 g Salz
3 EL Sonnenblumenöl
1 TL Weinsteinbackpulver
40 g Hefe
600 ml Wasser

Pizzabelag:
250 g Tomatenmark
Pizzagewürz
Salz
Galgant
200 g Schinken, kleinwürfelig geschnitten
100 g Salami, kleinwürfelig geschnitten
100 g Mais
1 Zwiebel, kleinwürfelig geschnitten
200 g Käse, gerieben

ZUBEREITUNG:

Alle Pizzateig-Zutaten zu einem eher weichen, geschmeidigen Teig mischen und ca. 10 Minuten kneten. Diesen Teig ca. 10 Minuten entspannen lassen, dann in gleichmäßige Stücke teilen (ca. 100 g), zu Kugeln schleifen und kurz entspannen lassen. Für den Pizzabelag alle Zutaten bis auf den Käse miteinander mischen. Nun aus dem Teig Schifferl formen, mit Pizzabelag bestreichen und mit Käse bestreuen. Nochmals 10 Minuten gehen lassen, anschließend mit Wasser besprühen.

Backen:
Ofen auf 200–220 °C Heißluft vorheizen. Pizzaschifferl in den Ofen mit einem Wassergefäß einschieben und 15–20 Minuten backen.

DINKELCRACKER

Mengenangaben für 1–2 Blech(e)

ZUTATEN:

500 g Dinkelvollkornmehl
2,5 TL Salz
1 TL Galgant
1/2 TL Bertram
1 gehäufter TL feine Kräuter wie Ysop, Quendel, Thymian, Salbei, Kerbel, getrocknet
1 EL Sauerteig (siehe Seite 48)
2 EL Olivenöl
ca. 250 ml Wasser

ZUBEREITUNG:

Alle Zutaten zu einem mittelfesten Teig verkneten (in der Rührmaschine), mit dem Rollholz strudelteigähnlich dünn ausrollen und auf mit Backpapier belegte Backbleche auflegen.

Backen:
Bei 180 °C Ober- und Unterhitze ca. 10 Minuten knusprig backen. Nach dem Backen in Stücke brechen.

Mein Tipp:
Diese Dinkelcracker passen ausgezeichnet zu Aufstrichen und Vorspeisen. Sie lassen sich aber auch einfach nur so gut knabbern! Der Sauerteig dient der geschmacklichen Verfeinerung. Er kann aber auch weggelassen werden.

WIRKUNG DER HILDEGARDKRÄUTER:

Galgant: herz-kreislaufstärkend, durchblutungsfördernd, verdauungsfördernd
Bertram: gut für die Verdauung, schließt die Nahrung auf
Ysop, Quendel und Kerbel: wirken reinigend im Körper
Salbei: wundheilend

Mit Gewürzen
nach Hildegard
von Bingen

BROTCHIPS

ZUTATEN:

Altbrotreste vom Bauernbrot,
Vollkornbrot, Baguette etc.
Olivenöl
Kräuter verschiedenster Art,
je nach Geschmack
Salz nach Belieben

ZUBEREITUNG:

Altbrotreste in feine, ca. 2 mm dicke Scheiben schneiden. Auf ein mit Backpapier belegtes Backblech flach nebeneinander auflegen. Aus Öl und fein gehackten frischen oder getrockneten Kräutern eine Marinade bereiten. Die Brotstücke mit dem Öl-Kräuter-Gemisch bestreichen.

Backen:
Bei 170 °C Heißluft ca. 10 Minuten knusprig backen.

Achtung: Die Chips sollen nur eine hellbraune Farbe annehmen. Wenn sie zu dunkel werden, schmecken sie bitter.

Mein Tipp:
Ich liebe es scharf! Mit etwas Chili gibt man den Brotchips ein bisschen Pep.

BANANENBROT

Mengenangaben für 2 große Kastenformen

ZUTATEN:

4–6 (je nach Größe) sehr reife Bananen
1 Ei
1 EL Sonnenblumen- oder Rapsöl
1/2 Tasse Haferdrink, Soja- oder Reismilch
50 g Mandeln, gemahlen
50 g Walnüsse, gemahlen
1 Vanilleschote
1 Prise Steinsalz
1 TL Galgant
1 TL Zimt
100 g Rohzucker
200 g Dinkelvollkornmehl
100 g Dinkelmehl T 700
1 Pkg. Weinsteinbackpulver

ZUBEREITUNG:

Bananen zerdrücken und im Mixer pürieren. Ei, Öl, Milch, Nüsse, Vanille, Gewürze, Zucker gut beimengen und durchmischen, Mehle mit Weinsteinbackpulver vermengen und unter die Bananenmasse heben.

Backen:
Fertige Masse in eine leicht gefettete, große Kastenform geben und bei 180 °C Ober- und Unterhitze ca. 50–60 Minuten backen, ca. 10 Minuten abkühlen lassen und aus der Form stürzen.

MEHLSPEISEN UND KUCHEN

Mit Liebe backen ist Nahrung für die Seele.

AMEISENGUGELHUPF

Mengenangaben für 1 große Gugelhupfform

ZUTATEN:

250 g Butter
150 g Zucker
1 Pkg. Vanillezucker
4 Eier
250 g Einkorn- oder Dinkelvollkornmehl, gesiebt
1/2 Kaffeetasse Rum
3/4 Kaffeetasse Eierlikör
1 Prise Salz
1 Pkg. Weinsteinbackpulver
1/2 Kaffeetasse Schokoladestreusel

ZUBEREITUNG:

Butter, Zucker und Vanillezucker schaumig rühren, Eier trennen, Dotter langsam dazugeben. 1/3 des Mehles sowie Rum und Eierlikör unterrühren. Eiklar mit Salz steif aufschlagen. Restliches Mehl mit Backpulver mischen, Schnee und Mehl sowie Schokoladestreusel unter die Masse heben. In eine befettete und bemehlte Gugelhupfform füllen.

Backen:
Bei 175 °C Ober- und Unterhitze ca. 45 Minuten backen.

APFEL-NUSS-SCHOKO-GUGELHUPF

Mengenangaben für 1 große Gugelhupfform

ZUTATEN:

5 Eier
1 Prise Salz
250 g Butter
150 g Zucker
120 g zerlassene Schokolade
120 g Walnüsse oder Haselnüsse, gerieben
1 Pkg. Vanillezucker
250 g Einkorn- oder Dinkelvollkornmehl
1 Pkg. Weinsteinbackpulver
2 große Äpfel, grob gerissen

ZUBEREITUNG:

Eier trennen. Eiklar mit Salz zu einem steifen Schnee schlagen. Butter und Zucker schaumig rühren, nach und nach die Dotter dazugeben. Anschließend die zerlassene Schokolade, die Nüsse, Vanillezucker und das mit Weinsteinbackpulver vermischte Mehl sowie die gerissenen Äpfel und den steifen Schnee unterheben. In eine befettete und bemehlte Gugelhupfform füllen.

Backen:
Bei 150 °C Ober- und Unterhitze 1 Stunde backen.

Mein Tipp:
Anstatt der Äpfel kann man für diesen Gugelhupf auch wunderbar Bananen verwenden.

MARMORGUGELHUPF

Mengenangaben für 1 große Gugelhupfform

ZUTATEN:

5 Eiklar
200 g Zucker
1 Prise Salz
5 Dotter
1/8 l Öl
1/8 l heißes Wasser
Schale und Saft von 1/2 Zitrone
250 g Dinkelvollkornmehl, gesiebt, oder Dinkelweißmehl T 700
1 Pkg. Weinsteinbackpulver
2 EL Kakao
etwas Rum

ZUBEREITUNG:

Eiklar, 100 g Zucker und Salz zu Schnee schlagen. Dotter, 100 g Zucker, Öl, Wasser, Zitronenschale und -saft cremig rühren. Schnee unter die Dottermasse mischen. Gesiebtes Mehl und Weinsteinbackpulver mischen und unter die Masse heben. Kakao mit Rum verrühren und 1/3 der Masse damit einfärben. Helle und dunkle Masse abwechselnd in eine gefettete und bemehlte Gugelhupfform füllen.

Backen:
Bei 160 °C Ober- und Unterhitze ca. 55 Minuten backen und auskühlen lassen.

Rezepte
KARTE 24

SCHOKOLADIGER NUSSKUCHEN

Mengenangaben für 1 große Gugelhupfform

ZUTATEN:

4 mittelgroße Eier
1 Becher Rohzucker
je 1/2 TL Lebkuchen- und Spekulatiusgewürz
150 ml Walnuss- oder Haselnussöl (oder anderes nussiges Öl)
1 Becher Sauerrahm
1/2 Becher dunkle Schokolade, geraspelt (mind. 80 % Kakaoanteil)
1/2 Becher Kakao
1 Becher Salatkerne (Sonnenblumen-, Kürbis-, Pinien-, Cashewkerne udgl.), gemahlen
1 Becher Weizen-, Dinkel- oder Einkornvollkornmehl
1 TL Weinsteinbackpulver

ZUBEREITUNG:

Eier mit Zucker und den Gewürzen dickschaumig aufgeschlagen, Öl, Sauerrahm sowie alle trockenen Zutaten nach und nach einrühren. Die Masse in eine befettete, bemehlte Kuchenform füllen.

Backen:
Bei 175 °C Ober- und Unterhitze ca. 45 Minuten backen.

Mein Tipp:
Dieser Kuchen schmeckt am besten noch warm mit etwas Schlagobers und einer Kugel Vanilleeis.

Danke an meine lieben Mitarbeiterinnen, die viele tolle Ideen mitbringen und immer wieder wunderbare Rezepte kreieren.

DUNKLER KIRSCHKUCHEN MIT HAUSBROTBRÖSEL

Mengenangaben für 1 Springform mit ca. 24 cm Durchmesser

ZUTATEN:

240 g Butter
200 g Zucker
7 Eidotter
160 g Mandeln oder Haselnüsse, gerieben
2–3 Rippen weiche Schokolade
1 Msp. Zimt
1 Msp. Nelkenpulver
Vanillezucker
Schnee von 7 Eiklar
240 g schwarze Hausbrotbrösel
ca. 500 g Kompottkirschen oder frische Kirschen, entkernt
Staubzucker zum Bestreuen

ZUBEREITUNG:

Aus Butter und Zucker Abtrieb bereiten, Eidotter nach und nach zugeben, flaumig rühren. Die Eiklar zu einem Schnee schlagen. Anschließend die Mandeln oder Haselnüsse, erweichte Schokolade, Gewürze, Eischnee und zuletzt die Hausbrotbrösel vorsichtig untermischen. Die Masse in eine befettete Tortenform füllen, mit den Kirschen belegen.

Backen:
Im vorgeheizten Ofen bei 150 °C Ober- und Unterhitze auf unterster Schiene 1 Stunde backen. Erkaltet mit Staubzucker bestreuen.

Mein Tipp:
Dieses Rezept eignet sich wunderbar zum Verwerten von altem Brot! Außerdem lassen sich daraus köstliche Kirschmuffins zaubern.

TOPFENSTREUSELKUCHEN MIT FRÜCHTEN

Mengenangaben für 1 Blech mit hohem Rand

ZUTATEN:

Mürbteig und Streusel:
170 g Butter
400 g Dinkelvollkornmehl
170 g Zucker
50 g Kokosflocken
Vanillezucker
3 Dotter
1/2 Pkg. Weinsteinbackpulver

Topfenmasse:
150 g Butter
250 g Zucker
2 Dotter
750 g Topfen 20 %
4–5 EL feiner Dinkelvollgrieß
Saft von 1 Zitrone
2 Pkg. Vanillezucker
Schnee von 5 Eiklar

ZUBEREITUNG:

Mürbteig und Streusel:
Zutaten des Teiges mit den Händen zusammenmischen und abbröseln, ca. 2/3 davon auf das Blech drücken.

Topfenmasse:
Für die Topfenmasse Butter mit Zucker und Dotter abtreiben, Topfen und restliche Zutaten untermischen, Eischnee unterheben und auf den vorbereiteten Boden streichen, eventuell Früchte der Saison darauflegen, mit dem restlichen Streusel bedecken.

Backen:
Bei 170 °C Ober- und Unterhitze ca. 45 Minuten backen.

Mein Tipp:
Am besten eignen sich für diesen Kuchen Marillen oder Zwetschken.

ALTWEIBERKNÖDEL AUF MOSTSCHAUM

Mengenangaben für ca. 15 Stück

ZUTATEN:

Knödel:
250 g Äpfel
50 g Butter
50 g Knödelbrot
30 g Rohzucker
1 Msp. Zimt
1 Msp. Nelkenpulver
50 g Walnüsse, gerieben
30 g Rosinen
1 Ei
evtl. Brösel zum Festigen
Butterschmalz zum Ausbacken

Mostschaum:
125 ml Most
1 EL Zucker
1 Msp. Vanillepulver
1 Ei
1 Dotter
Schlagobers und Apfelspalten zum Garnieren

ZUBEREITUNG:

Äpfel waschen, schälen und kleinwürfelig schneiden, in Butter andünsten, Knödelbrot, Zucker, Zimt und Nelkenpulver dazugeben, gut mischen und auskühlen lassen. Geriebene Walnüsse, Rosinen und Ei dazugeben und 30 Minuten im Kühlschrank anziehen lassen. Aus der Masse kleine Knödel formen – ist die Knödelmasse zu weich, mit 1–2 EL süßen Bröseln (Kuchen- oder Briochereste) festigen. Im heißen Fett goldgelb ausbacken.
Für den Mostschaum alle Zutaten über Dampf dickschaumig schlagen, auf Tellern verteilen, Altweiberknödel auf dem Mostschaum anrichten, mit Schlagobers und Früchten garnieren.

Mein Tipp:
Für diese köstliche Nachspeise können sie Altbrotreste verwerten – besonders gut schmeckt Brioche! Vanilleeis passt hervorragend zu den Knödeln!

APFEL DURCH DEN WIND-SCHNITTE

Mengenangaben für 1 Blech mit hohem Rand

ZUTATEN:

Mürbteig:
300 g Dinkel- oder Einkornvollkornmehl, gesiebt
200 g Butter
100 g Staubzucker
2 Dotter
1 Msp. Vanillepulver
Schale von 1 Zitrone
1 Prise Steinsalz

Zum Bestreichen:
100 g Marillenmarmelade

Zum Belegen:
660 g Äpfel, blättrig geschnitten
(Apfelsorte Topaz eignet sich)
Zucker (nach Belieben)

Biskuit:
5 Dotter
200 g Zucker
1/8 l Wasser
Schale und Saft von 1/3 Zitrone
1/8 l Öl
250 g Einkornvollkornmehl oder Dinkelvollkornmehl, gesiebt
etwas Weinsteinbackpulver
Schnee von 5 Eiklar

Schneehaube:
105 g Eiklar
(von 3–4 Eiern, je nach Größe)
70 g Kristallzucker
110 g Staubzucker
1 Prise Steinsalz

ZUBEREITUNG:

Mürbteig:
Mehle und Butter auf dem Brett abbröseln, mit den restlichen Zutaten rasch zu einem Teig verkneten und kühl ca. 1 Stunde rasten lassen. Auf die Größe des Bleches ausrollen und mit einer Gabel einstechen.

Backen:
Im vorgeheizten Ofen bei 180 °C Ober- und Unterhitze ca. 12 Minuten vorbacken.

Biskuit:
Die Dotter mit Zucker gut aufschlagen, mit Wasser, Zitronensaft und -schale dickschaumig rühren, Öl, mit Weinsteinpulver vermischtes Mehl und den steifgeschlagenen Schnee unterheben. Diese Biskuitmasse auf ein mit Backpapier ausgelegtes Blech mit hohem Rand streichen.

Backen:
Im vorgeheizten Ofen bei 180 °C Ober- und Unterhitze hell vorbacken.

Fertigung:
Den vorgebackenen Mürbteig mit heißer Marillenmarmelade bestreichen und Biskuit draufsetzen.
Die blättrig geschnittenen Äpfel mit etwas Zucker ca. 5 Minuten dämpfen, auf den vorgebackenen Biskuitteig verteilen.
Für die Schneehaube Eiklar mit Kristallzucker, Staubzucker und Salz steif aufschlagen.
Die Schneemasse auf die Äpfel gleichmäßig verteilen und glattstreichen. Mit der Teigkarte Windmuster ziehen und bei hoher Oberhitze (Grillstufe) kurz überbacken, bis die oberen Spitzen der Schneemasse leicht gebräunt sind.

VOLLKORN-LINZERSCHNITTE

Mengenangaben für 1 Blech

ZUTATEN:

Kuchen:
400 g Butter
190 g Staubzucker
1 Msp. Vanillepulver oder 1 TL Vanillezucker
Zitronenschale von 1/2 Zitrone
1 Msp. Zimt
1 Msp. Nelkenpulver
1 Prise Salz
5 Eier, versprudelt
130 g Dinkel- oder Einkornvollkornmehl, gesiebt
380 g Vollkornbrösel (Kuchenbrösel)
90 g Aranzini, fein gehackt
250 g Haselnüsse, geröstet und gerieben

Ribiselmarmelade zum Bestreichen
Mandelblättchen zum Bestreuen

ZUBEREITUNG:

Mit Butter, Staubzucker, Vanille, Zitronenschale und Gewürzen einen flaumigen Abtrieb rühren, nach und nach die versprudelten Eier, Mehl, Brösel, Aranzini und Nüsse unterrühren.
2/3 der Masse auf ein mit Backpapier ausgelegtes Backblech aufstreichen und mit Ribiselmarmelade bestreichen. Nun die restliche Masse mit einer mittleren Spritztülle in Gittermuster auf die Marmelade aufspritzen und mit Mandelblättchen bestreuen.

Backen:
Bei 160 °C Ober- und Unterhitze ca. 45 Minuten hellbraun backen.

NUSS-BUCHWEIZEN-SCHNITTE

Mengenangaben für 1 Blech

ZUTATEN:

Kuchen:
7 Dotter
150 g Kristallzucker
7 Eiklar
1 Prise Steinsalz
2 TL Vanillezucker
125 g Haselnüsse, gerieben und geröstet
60 g Schokolade, fein gerieben
20 g Buchweizenvollkornmehl
20 g Vanillepuddingpulver
1 TL Weinsteinbackpulver

Creme:
400 ml Milch
50 g Vanillepuddingpulver
180 g Zucker
1 EL Vanillezucker
65 g Haselnüsse, gerieben
1 EL Rum
240 g Butter, in Stücke geschnitten

Tränke:
20 ml Weinbrand
1 EL Ribisel- oder Preiselbeermarmelade
1/8 l Wasser

ZUBEREITUNG:

Kuchen:
Dotter und 1/3 des Kristallzuckers schaumig rühren. Eiklar, restlichen Zucker, Salz und Vanillezucker cremig-schaumig schlagen und unter die Dottermasse mischen. Haselnüsse, Schokolade, Buchweizenmehl, Puddingpulver und Weinsteinbackpulver trocken mischen und unter die Masse rühren. Auf ein befettetes, bemehltes Blech streichen.

Backen:
Bei 170 °C Ober- und Unterhitze ca. 50 Minuten backen.

Creme:
Mit Milch und Vanillepuddingpulver einen Pudding zubereiten, Zucker und Vanillezucker, Haselnüsse und Rum in eine Rührschüssel geben, den heißen Pudding dazufügen und mit dem Mixer rühren, bis der Pudding etwas überkühlt ist. Nach und nach die Butter dazugeben und gut aufschlagen.

Tränke:
Weinbrand, Ribisel- oder Preiselbeermarmelade und Wasser miteinander verquirlen.

Fertigung:
Kuchenboden auskühlen lassen und danach in 3 Teile teilen, mit der Tränke tränken und mit 2/3 der Creme füllen. Schnitte mit der restlichen Creme einstreichen und verzieren.

Mein Tipp:

Durch den hohen Anteil an Haselnüssen braucht man bei diesem Rezept sehr wenig Mehl. Die kleine Menge an Buchweizen unterstreicht das besonders nussige Aroma dieser Schnitte.

OMAS APFELSCHLANGERL

Mengenangaben für ca. 2 Schlangerl auf 1 Blech

ZUTATEN:

Topfenmürbteig:
200 g Dinkelvollkornmehl oder gesiebtes Dinkelvollkornmehl
150 g Butter
200 g Topfen 20 %
1 Prise Steinsalz
50 g Zucker
etwas Zitronenschale und Vanillezucker oder -pulver
Ei zum Bestreichen

Fülle:
500 g Äpfel, blättrig geschnitten
evtl. Zucker, Zimt und Rosinen

ZUBEREITUNG:

Mehl und Butter gut abbröseln, Topfen und die Geschmackstoffe beimengen. Anschließend den Teig gut abkneten. Man macht wie beim Butterteig 3–4 Touren (1 Tour = Rechteck ausrollen und links und rechts zur Mitte einschlagen). Diesen Teig ca. 1 Stunde im Kühlschrank rasten lassen.
2 längliche Rechtecke ausrollen, darauf die Apfelfülle verteilen und die Kanten gut zusammenschließen. Mit Ei bestreichen.

Backen:
Bei 180 °C Ober- und Unterhitze ca. 35 Minuten goldbraun backen.

Mein Tipp:
Mit der süß-säuerlichen alten Apfelsorte Topaz schmeckt das Schlangerl besonders gut. Mit diesem Topfenmürbteig kann man vielerlei Leckereien zaubern. Eine Waldviertler Köstlichkeit sind die Mohnzelten: Dafür den Teig 1/2 cm dick ausrollen und Kreise mit 7–8 cm Durchmesser ausstechen. Aus einer etwas festeren Mohnfülle (siehe Seite 134), weniger Milch verwenden) einen kleinen Knödel formen, diese in den ausgestochenen Teig geben. Den Teig rundherum einschlagen, fest zusammendrücken wie einen Knödel und flachdrücken. Auf ein mit Papier ausgelegtes Backblech legen, mit einer Spicknadel einstechen und mit Ei bestreichen. Auch Marmeladetascherl und Apfeltascherl sind mit diesem Topfenmürbteig immer beliebt.

GEMÜSELEBKUCHEN

Mengenangaben für 1 Blech

ZUTATEN:

Lebkuchen:
150 g Dörrzwetschken
150 g Feigen, getrocknet
100 ml Rum
120 g Butter
40 g Honig
3 Dotter
300 g Rohzucker
1/8 l Wasser
1 Pkg. Lebkuchengewürz
40 g Marillenmarmelade
150 g Walnüsse, gerieben
150 g Karotten oder Pastinaken,
fein gerieben
500 g Roggenvollkornmehl
3 TL Natron

Glasur:
250 g Staubzucker, gesiebt
Saft von 1 Zitrone
2 EL Rum

ZUBEREITUNG:

Lebkuchen:
Die klein geschnittenen Zwetschken und Feigen mit Rum gut verrühren und über Nacht zugedeckt ziehen lassen.
Butter mit Honig und Dotter schaumig rühren. Zucker mit Wasser und Lebkuchengewürz zum Kochen bringen und 1 Minute kochen lassen. Noch heiß in die Buttermasse rühren. Die Zwetschken und Feigen mit den restlichen Zutaten der Reihe nach mit der Rührmaschine langsam untermengen. Das Ganze zu einem zähen Teig verrühren. Den Teig gleichmäßig auf ein befettetes, mit Mehl bestaubtes Backblech streichen (kein Papier verwenden!).

Backen:
Bei 170–180 °C Ober- und Unterhitze ca. 35 Minuten backen.

Glasur:
Für die Glasur alle Zutaten gut verrühren und den noch warmen Lebkuchen damit bestreichen. Den Lebkuchen erkalten lassen und in beliebige Stücke schneiden.

ZUCCHINISCHNITTE

Mengenangaben für 1 Blech

ZUTATEN:

Kuchen:
3 Eier
1,5 Becher Zucker
1 Pkg. Vanillezucker
3/4 Becher Öl
1 Becher Haselnüsse, geröstet und gerieben
2 Becher Zucchini, geraspelt
2 Becher Dinkel- oder Einkornvollkornmehl
1 Pkg. Weinsteinbackpulver

Glasur:
150 g Marillenmarmelade
250 g Schokoladeglasur

(1 Becher = 250 ml)

ZUBEREITUNG:

Eier mit Zucker und Vanillezucker dickschaumig aufschlagen, Öl, Haselnüsse, Zucchini, Vollkornmehl mit Weinsteinbackpulver und Zimt unterheben. Die Masse auf ein mit Backpapier belegtes Blech streichen.

Backen:
Bei 170 °C Ober- und Unterhitze ca. 30 Minuten backen und überkühlen lassen.

Fertigung:
Mit heißer Marillenmarmelade bestreichen und mit Schokoladeglasur überziehen.

Mein Tipp:
Die Karotten-Schoko-Torte (Seite 144) und die Zucchinischnitte kann man auch als Muffins backen – so schmecken sie Kindern als Schuljause. Anstatt Schokoladeglasur passt auch eine Orangen-Zitronen-Glasur sehr gut!

BRIOCHE AUF TRADITIONELLE ART

Für verschiedene Formen wie Osterhasen, Osternest, Pinzen, Muttertagsherzen, Allerheiligenstriezel, Wiener Knopf, 3-4-6-Strang-Zöpfe, Krampusse, Jahreswechsel-Glücksschwein, gefüllte Kipferl, Nuss- oder Mohnstrudel, Kronen, Schnecken etc.

ZUTATEN:

Teig:
1 kg Weizenfeinmehl T 480
120 g Rohzucker
60 g Hefe
2 Pkg. Vanillezucker oder Vanillepulver
Schale von 1/2 Zitrone
15 g Salz
2 Eier
Dotter
10 ml Rum
400 ml warme Milch (ca. 35 °C)
120 g zimmerwarme Butter
400 ml warme Milch

Nussfülle:
500 g Hasel- oder Walnüsse, geröstet und gerieben
200 g Rohzucker
1 Pkg. Vanillezucker oder Vanillepulver
etwas Zimt und Nelkenpulver
1 TL Kakao
Schale von 1/2 Zitrone
Rum
400 ml warme Milch

Mohnfülle:
500 g Mohn, fein gemahlen
250 g Rohzucker
1 Pkg. Vanillezucker
Schale von 1/2 Zitrone
Rum
etwas Zimt und Nelken
400 ml warme Milch
eventuell 80 g Rosinen, gehackt

ZUBEREITUNG:

Für den Teig Weizenmehl, Zucker, Hefe, Vanillezucker, Zitronenschale, Salz, Eier, Dotter und Rum mit der warmen Milch zu einem geschmeidigen Teig mischen. Anschließend die zimmerwarme Butter einkneten. Den fertigen Teig nun ca. 10 Minuten gut kneten (eventuell mit Hilfe einer Rührmaschine) und dann für 1/2 Stunde an einem warmen Ort (nicht zugig!) rasten lassen. Nochmals kurz durchkneten, aus der Schüssel nehmen, in Stücke teilen und schleifen. Nach einer kurzen Entspannzeit Stränge rollen und beliebige Formen flechten. Eine genaue Zopf-Flechtanleitung findet sich auf der Seite 136.

Backen:
Bei 180 °C Ober- und Unterhitze oder 160 °C Heißluft goldgelb backen. Je nach Größe des Backgutes ca. 20–45 Minuten.

Mein Tipp: Um die Füllen geschmeidiger und lockerer zu machen, kann man etwas Eischnee unterheben.

TIPPS FÜR DAS FLECHTEN EINES 6ER-ZOPFES

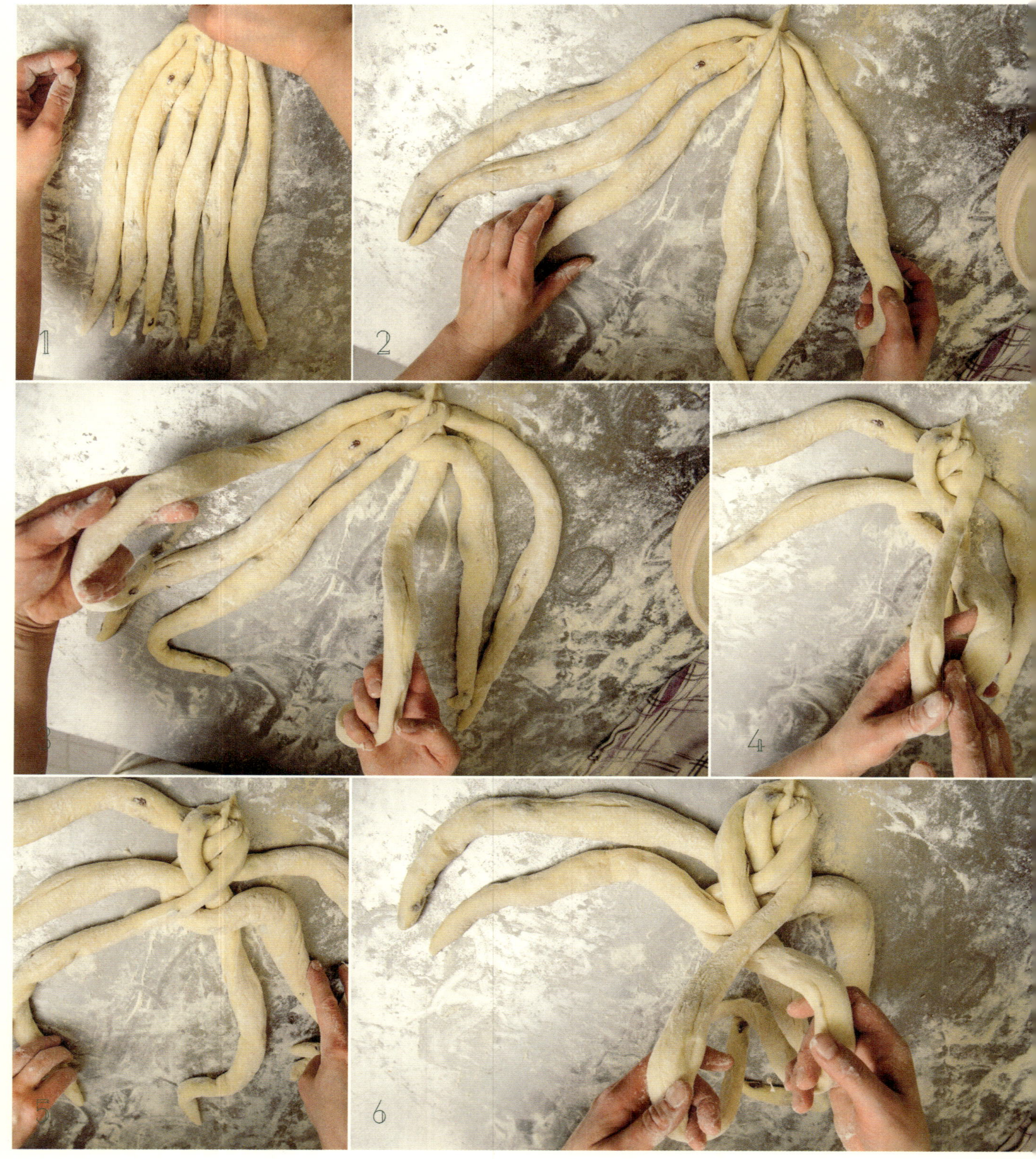

ÜBUNG MACHT DEN MEISTER:
Zöpfe flechten verlangt ein wenig Geschick, aber vor allem Übung. Am besten probiert man zuhause mit Strumpfhosen, bis man die Technik verinnerlicht hat. Dann kann man sich auch gut an die Teigzöpfe wagen.

BRAUCHTUMSGEBÄCK LEICHT GEMACHT:

Zöpfe: Teig mit einem Gewicht von 120 g auswiegen
Großes Muttertagsherz: 2 Dreistrangzöpfe, Teigteile (pro Strang) mit einem Gewicht von 120 g
Krampus: Teig mit einem Gewicht von 150–200 g
Sitzender Osterhase: für einen Hasen je einen Teig mit 100 g (Körper), 50 g (Kopf) und 25 g (Schwänzchen)
Osternest: je 2 Teigstränge mit 120 g zusammendrehen (in das gebackene Nest ein Ei hineinlegen)
Briochekipferl: Teig mit 70 g
Igel: Teig mit einem Gewicht von 120 g
Nuss- oder Mohnstrudel: Teig mit einem Gewicht von ca. 300 g

EINKORNBRIOCHE

Mengenangaben für 2 Striezel mit 4 Strängen

ZUTATEN:

200 ml Milch
10 g Salz
1 Pkg. Vanillezucker oder -pulver
etwas Zitronen- und Orangenschale
250 g Einkornvollkornmehl
250 g Weizenmehl T 700 (auch mit Dinkelmehl T 700 möglich)
4 Dotter
100 g Rohzucker
40 g Hefe
60 g zimmerwarme Butter
70 g Rosinen, in Rum am Vortag eingelegt
2 EL Rum
1 Ei
1 Dotter
etwas Hagelzucker
Mandelblättchen

ZUBEREITUNG:

Milch, Salz, Vanillezucker, Zitronen- und Orangenschale auf ca. 30 °C erhitzen und mit dem Einkorn-Weizenmehlgemisch, Dotter, Zucker und Hefe vermengen. Zimmerwarme Butter in kleinen Stücken mit den restlichen Zutaten kurz zu einem glatten Teig kneten (Einkorn hat weniger Klebergehalt, deshalb nur kurz kneten!), zudecken und 1/2 Stunde rasten lassen.
Nun durchkneten und die eingeweichten Rosinen kurz dazukneten und nochmal 1/2 Stunde rasten lassen. Teig kurz durchkneten, aus der Rührschüssel geben und am Tisch nochmals 1/4 Stunde entspannen lassen.
Den Teig in 120 g schwere Stücke teilen, rund schleifen, zugedeckt 10 Minuten rasten lassen, zu gleichmäßigen Strängen formen und je 3 oder 4 Stück zu einem Zopf flechten.
Zugedeckt noch einmal ca. 10 Minuten gehen lassen.
Ei und Dotter vermischen und Zöpfe damit bestreichen.
Mit Hagelzucker oder Mandelblättchen bestreuen.

Backen:
Bei 180 °C Ober- und Unterhitze oder 160 °C Heißluft 25 Minuten goldgelb backen.

Mein Tipp: Das Einkornvollkornmehl besitzt als einziges Getreide Betacarotin als Inhaltsstoff und hat deshalb eine wunderbar gelbe Farbe. Das ist nicht nur sehr schön, sondern auch gesund!

MOSTSCHOBER MIT ENERGIE +

Mengenangaben für eine Springform mit 24 cm Durchmesser

ZUTATEN:

Kuchen:
4 große Eier
150 g Zucker
5 g Vanillezucker
1 Msp. Zimt
1 Msp. Galgant
1 Prise Salz
60 g Haselnüsse, geröstet und gerieben
130 g Einkorn- oder Dinkelvollkornmehl
1/2 TL Weinsteinbackpulver

Tränke:
80 g Zucker oder Honig
30 ml Wasser
1 kleine Zimtrinde
2 Nelken
1 Msp. Galgant
200 ml Most (oder Weißwein)
80 ml Holunderblütensaft
80 ml Rum

Zum Garnieren:
250 ml Schlagobers
etwas Staubzucker

ZUBEREITUNG:

Kuchen:
Die Eier mit dem Zucker, Vanillezucker, Zimt, Galgant und Salz aufschlagen. Nüsse, Mehl und Weinsteinbackpulver mischen und in die Masse einmelieren. In den mit Backpapier belegten Tortenring füllen.

Backen:
Im vorgeheizten Ofen bei 175–180 °C Ober- und Unterhitze etwa 35 Minuten backen.

Achtung: Der Kuchen kann die Tränke besser aufnehmen, wenn sie nicht ganz frisch ist, sondern schon am Vortag gebacken wurde.

Fertigung:
Die Torte auf ein Gitter stellen und mit einem Schöpflöffel die Tränke nach und nach darübergießen. Auch die bereits heruntergelaufene Tränke wieder darübergießen, damit der Kuchen die Tränke völlig aufnehmen kann.
Schlagobers mit Staubzucker süßen. Die Torte in Stücke teilen und mit Schlagobers servieren.

Mein Tipp:
Ein Dessert für jede Jahreszeit. Im Winter erinnert die Torte ein wenig an Punsch oder Glühwein. Im Sommer ist sie angenehm erfrischend und leicht. Die Tränke sollte nicht allzu alkoholisch sein, es muss jedoch der für unsere Region so beliebte Most dabei sein. Die Gewürze Zimt, Nelken und Galgant sorgen nicht nur für guten Geschmack. Zimt gilt als Gemütsaufheller, die Nelken reinigen und der Galgant erfrischt und fördert die Durchblutung!

GEBACKENE KNÖDELÜBERRASCHUNG MIT VANILLESAUCE

ZUTATEN:

Knödelüberraschung:
4 altbackene Semmeln oder Brioche
ca. 250 ml Milch
je 1 Prise Zimt und Galgant
1 Msp. Vanillepulver
etwas Zitronenschale
1 EL Honig
2 Eier
Kuchen- oder Briochebrösel
Brat- und Backöl oder Butterschmalz zum Backen

Vanillesauce:
500 ml Milch
100 g Zucker
1/2 Pkg. Vanillezucker
30 g Puddingpulver
125 l Schlagobers
1 EL Rum

ZUBEREITUNG:

Semmeln oder Brioche würfeln, Milch mit Gewürzen und Honig etwas erwärmen, über die Semmelwürfel gießen und gemeinsam mit den Eiern vermischen.
Diese Masse ca. eine halbe Stunde ziehen lassen, dann kleine, feste Knödel formen, in Bröseln wälzen und sofort in heißem Fett goldgelb backen.
Für die Vanillesauce Milch, Zucker und Vanillezucker aufkochen. Puddingpulver mit Schlagobers verrühren. Unter ständigem Rühren in die Milch einfließen lassen. Nochmals kurz aufkochen und den Rum beimengen.
Die Knödel mit der Vanillesauce heiß servieren.

Mein Tipp:
Wünscht man die Sauce fülliger, so kann man etwas leicht geschlagenes Obers unter die Sauce rühren. Zu den Knödeln passt auch hervorragend eine Kugel gutes Vanilleeis oder frische Früchte der Saison. Wir servieren diese Knödel gerne mit unserem hausgemachten Vanille-Eierlikör.

ANNIS HAUSTORTE

Mengenangaben für 1 Springform mit 26 cm Durchmesser

ZUTATEN:

Torte:
9 Eier
1 Prise Steinsalz
250 g Zucker
1,5 TL Vanillezucker
125 g Walnüsse, gerieben
125 g Haselnüsse, gerieben
100 g Einkornvollkornmehl oder Dinkelvollkornmehl, gesiebt
90 g Schokolade, fein gerieben
1 TL Weinsteinbackpulver

Creme:
7 Dotter
150 g Staubzucker
2 EL Milch
100 g Schokolade, gerieben
300 g Butter

Tränke:
20 ml Cognac oder Marillenlikör
1 EL Marillenmarmelade
1/8 l Wasser

Zum Bestreichen:
400–500 g Marillenmarmelade

Zum Verzieren:
Mandelblättchen oder Schokospäne

ZUBEREITUNG:

Torte:
Eier trennen, Eiklar mit Steinsalz, Zucker und Vanillezucker steif aufschlagen, Dotter, Nüsse, Schokolade und Mehl mit Weinsteinbackpulver locker unterheben und in die Tortenform füllen.

Backen:
Bei 180 °C Ober- und Unterhitze oder 160 °C Heißluft 25 Minuten goldgelb backen.

Creme:
Dotter leicht erwärmen und mit Staubzucker, Milch und Schokolade gut verrühren, dann in der Rührmaschine aufschlagen und nach und nach Butter dazuschlagen.

Tränke:
Cognac oder Marillenlikör mit Marmelade und Wasser versprudeln.

Fertigung:
Die Torte zwei- bis dreimal durchschneiden, mit der Tränke tränken und mit 2/3 der Creme füllen. Oberseite mit warmer Marillenmarmelade dick bestreichen und mit der restlichen Creme ein schönes Gitter spritzen. Mit Mandelblättchen oder Schokospänen verzieren.

KAROTTEN-SCHOKO-TORTE

Mengenangaben für 1 Springform mit ca. 20 cm Durchmesser

ZUTATEN:

Torte:
7 Eier
1 Prise Steinsalz
250 g Zucker
400 g Karotten, gerieben
300 g Walnüsse, gerieben
120 g Vollkornbrösel (Brotbrösel)
1/2 TL Weinsteinbackpulver

Glasur:
100 g Marillenmarmelade
200 g Schokoladeglasur oder
Zitronen-/Orangenglasur

Tränke:
20 ml Cognac oder Marillenlikör
1 EL Marillenmarmelade
1/8 l Wasser

Zum Bestreichen:
400–500 g Marillenmarmelade

Zum Verzieren:
Mandelblättchen oder Schokospäne

ZUBEREITUNG:

Die Eier trennen, das Eiweiß mit Salz und Zucker steifschlagen, dann die Dotter und die restlichen Zutaten unterheben. Die Masse in die befettete, bemehlte Tortenform füllen.

Backen:
Bei 160 °C Ober- und Unterhitze ca. 50 Minuten backen.

Fertigung:
Nach dem Überkühlen mit heißer Marillenmarmelade bestreichen und mit heller oder dunkler Schokoladenglasur oder Zitronen-/Orangenglasur überziehen (siehe Seite 172).

APFEL-MOHN-BUCHWEIZENTORTE

Mengenangaben für 1 Springform mit 22 cm Durchmesser

ZUTATEN:

5 Eier
1 EL Rum
200 g Rohzucker
1 Pkg. Vanillezucker
1 Prise Salz
etwas Zitronenschale
700 g Äpfel, geraspelt
200 g Mohn, gemahlen
150 g Walnüsse, gerieben
100 g Buchweizenvollkornmehl
2 TL Weinsteinbackpulver

ZUBEREITUNG:

Eier trennen. Aus dem Eiklar einen steifen Schnee schlagen. Dotter, Rum, Zucker, Vanillezucker, Salz und Zitronenschale schaumig aufschlagen, die grob geraspelten Äpfel, Mohn, Nüsse, Mehl mit Weinsteinbackpulver und den Schnee nach und nach unterheben. In eine mit Papier ausgelegte Tortenform füllen.

Backen:
Bei 170 °C Ober- und Unterhitze ca. 50 Minuten backen.

Mein Tipp: Diese Torte kann man mit Rum- oder Zitronenglasur oder auch mit weißer Schokolade überziehen. Bleibt sehr gut auch einige Tage saftig! Dieses Rezept eignet sich auch für Muffins.

TOPFENTORTE

Mengenangaben für 1 Springform mit ca. 26 cm Durchmesser

ZUTATEN:

Tortenboden:
5 Eiklar
100 g Zucker
1 Prise Steinsalz
5 Dotter
100 g Zucker
1/8 l Öl
1/8 l heißes Wasser
Zesten und Saft von 1/2 Zitrone
250 g Einkornmehl oder Dinkelmehl, gesiebt
1 TL Weinsteinbackpulver

Creme:
7 kleine Blatt Gelatine
250 g Topfen
125 g Joghurt
50 g Kristallzucker
250 g Schlagobers
Saft von 1 Orange

ZUBEREITUNG:

Tortenboden:
Eiklar, 100 g Zucker und Salz zu Schnee schlagen. Dotter, 100 g Zucker, Öl, Wasser, Zitronenzesten und -saft cremig rühren. Schnee unter die Dottermasse mischen, gesiebtes Mehl und Weinsteinbackpulver mischen und unter die Masse heben. In eine Tortenform füllen und backen.

Backen:
Bei 160 °C Ober- und Unterhitze ca. 45 Minuten backen und auskühlen lassen.

Creme:
Gelatine in kaltem Wasser einweichen. Topfen, Joghurt und Zucker glattrühren. Schlagobers schlagen. Eingeweichte Gelatine mit dem Orangensaft erwärmen, etwas Topfen-Joghurt-Masse einrühren, restliche Masse zugeben und zum Schluss geschlagenes Schlagobers unterziehen.

Fertigung:
Tortenboden zweimal durchschneiden. In die Tortenform abwechselnd mit der Creme einsetzen, mit Creme abschließen, mit Schlagobers nach Belieben verzieren.

EIERLIKÖRTORTE

Mengenangaben für 1 Springform mit 26 cm Durchmesser

ZUTATEN:

Tortenboden:
5 Eiklar
200 g Zucker
1 Prise Steinsalz
5 Dotter
1/8 l Öl
1/8 l heißes Wasser
Zesten und Saft von 1/2 Zitrone
250 g Einkorn- oder Dinkelmehl, gesiebt
1 TL Weinsteinbackpulver

Vanillecreme:
150 g Milch
50 g Kristallzucker
etwas Vanillezucker
20 g Rum
15 g Vanillepuddingpulver
2 Dotter
4 kleine Blatt Gelatine
400 g Schlagobers
20 g Kristallzucker
etwas Rum

Zum Tränken:
ca. 100 ml Eierlikör (nach Belieben)

Eierlikörspiegel:
1/2 TL Agar-Agar-Pulver
20 g Zucker
40 g Wasser
200 g Eierlikör

ZUBEREITUNG:

Tortenboden:
Eiklar, 100 g Zucker und Salz zu Schnee schlagen. Dotter, 100 g Zucker, Öl, Wasser, Zitronenzesten und -saft cremig rühren. Schnee unter die Dottermasse mischen. Gesiebtes Mehl und Weinsteinbackpulver mischen und unter die Masse heben. In eine Tortenform füllen und backen.

Backen:
Bei 160 °C Ober- und Unterhitze ca. 45 Minuten backen und auskühlen lassen.

Vanillecreme:
140 g Milch, Zucker und Vanillezucker aufkochen. 10 g Milch, Rum und Puddingpulver mit den Dottern verrühren und in die heiße Milch einrühren. Gut abkochen, damit sich die Stärke löst. Einige Stunden kühlen, anschließend durch ein feines Haarsieb passieren. Gelatine in kaltem Wasser einweichen. Schlagobers mit Zucker aufschlagen. Eingeweichte Gelatine mit Rum erwärmen, mit der passierten Vanillecreme vermischen und unter das geschlagene Schlagobers mischen.

Fertigung:
Tortenboden zweimal durchschneiden, mit Eierlikör tränken und abwechselnd mit Creme in eine Tortenform einsetzen, mit Creme abschließen und im Kühlschrank festwerden lassen.
Wasser aufkochen, Agar-Agar-Pulver mit Zucker trocken mischen und in das Wasser einrühren. 1 Minute kochen lassen, damit sich das Agar-Agar-Pulver auflöst. Noch heiß mit dem Eierlikör mischen.
Eierlikörspiegel über die Creme gießen und einige Zeit kühlen. Nach Belieben mit Schokolade verzieren.

KARIBISCHER TRAUM

Mengenangaben für 1 Springform mit 26 cm Durchmesser

ZUTATEN:

Tortenboden:
3 Eiklar
30 g Zucker
1 Prise Steinsalz
3 Dotter
120 g Zucker
75 ml Öl
75 ml heißes Wasser
60 g weiche Schokolade
Zesten und Saft von 1/2 Zitrone
150 g Einkorn- oder Dinkelvollkornmehl, gesiebt
1 TL Weinsteinbackpulver

Kokoseinlage:
90 g Eiklar (von 3 Eiern)
110 g Kristallzucker
1 TL Vanillezucker
1 Prise Salz
50 g Topfen
150 g Kokosraspel

Creme:
6 kleine Blatt Gelatine
375 g Schlagobers
200 g Sauerrahm
30 g Kristallzucker
240 g Ananasstücke

Zum Tränken:
2 cl weißer Rum
1 EL Marillenmarmelade
1/8 l Wasser oder Ananassaft

ZUTATEN:

Ananasspiegel:
etwas Ananassaft
240 g Ananasstücke
3 kleine Blatt Gelatine

ZUBEREITUNG:

Tortenboden:
Eiklar, 30 g Zucker und Salz zu Schnee schlagen. Dotter, 120 g Zucker, Öl, Wasser, weiche Schokolade, Zitronenzesten und -saft cremig rühren. Schnee unter die Dottermasse mischen. Gesiebtes Vollkornmehl und Weinsteinbackpulver mischen und unter die Masse heben. In eine mit Backpapier belegte Tortenform füllen und backen.

Backen:
Bei 160 °C Ober- und Unterhitze ca. 45 Minuten backen und auskühlen lassen.

Kokoseinlage:
Eiklar mit Zucker, Vanillezucker und Salz sehr steif schlagen. Topfen cremig rühren und per Hand zusammen mit den Kokosraspeln rasch unter den Schnee heben. In eine mit Backpapier belegte Tortenform streichen und backen.

Backen:
Bei 170 °C Ober- und Unterhitze ca. 35 Minuten backen und auskühlen lassen.

Creme:
Gelatine in kaltem Wasser einweichen. Schlagobers schlagen. Sauerrahm und Zucker verrühren. Eingeweichte, ausgedrückte Gelatine erwärmen. Zuerst etwas Sauerrahm zur Gelatine, dann erst mit gesamtem Sauerrahm verrühren. Sobald die Creme beginnt etwas anzuziehen, Schlagobers unterheben.

weiter auf Seite 154 –>

ZUBEREITUNG:

Tränke:
Alle Zutaten miteinander glattrühren.

Fertigung:
Tortenboden mit der Tränke tränken, die Ananasstücke darauf verteilen, darauf die Hälfte der Creme, dann den Kokosboden und mit der restlichen Creme abschließen, im Kühlschrank festwerden lassen.

Ananasspiegel:
Die Ananasstücke mit etwas Saft pürieren, sodass man ca. 250 ml Ananaspüree erhält. Gelatine in kaltem Wasser einweichen, anschließend erwärmen und unter das Ananaspüree rühren. Über die Creme gießen und einige Zeit kühlen. Nach Belieben mit Schokoladespänen verzieren.

Mit viel Herz, Kreativität und fleißigen Händen arbeitet seit geraumer Zeit die Konditorin Silvia Klaus in unserem Betrieb. Ihre Wurzeln sind biobäuerlich, und das zeichnet sie in ihrer Gestaltung von Rezepturen wie die des Karibischen Traums mit natürlichen Zutaten und Vollkornmehl besonders aus. Ich wünsche unserer lieben Silvia weiterhin viel Erfolg und Freude mit ihrer Arbeit als Konditorin sowie auch privat Glück, Gesundheit und Segen für ihren Weg.

BLAUER ENGEL-TORTE

Mengenangaben für 1 Springform mit 26 cm Durchmesser
Glutenfrei, lactosefrei

ZUTATEN:

Tortenboden:
7 Dotter
110 g Kristallzucker
7 Eiklar
1 Prise Steinsalz
1 TL Vanillezucker
90 g Haselnüsse, gerieben und geröstet
40 g Schokolade, fein gerieben
12 g Buchweizenvollkornmehl
13 g Vanillepuddingpulver
1 TL Weinsteinbackpulver

Creme:
150 ml Libuni Reismilch Basis
150 ml Wasser
35 g Vanillepuddingpulver
6,5 Blatt Gelatine
600 g Sojasahne
80 g Zucker
20 g Vanillezucker
3 Pkg. Sahnesteif
etwas Rum

Tränke:
100 ml in Schnaps eingelegte Heidelbeeren
50 ml Wasser oder Läuterzucker

Heidelbeergelee:
300 g Heidelbeeren
1 Pkg. Tortengelee

ZUBEREITUNG:

Tortenboden:
Dotter und 1/3 des Kristallzuckers schaumig rühren. Eiklar, restlichen Zucker, Salz und Vanillezucker cremig-schaumig schlagen und unter die Dottermasse mischen. Haselnüsse, Schokolade, Buchweizenmehl, Puddingpulver und Weinsteinbackpulver trocken mischen und unter die Masse heben. In eine mit Backpapier ausgelegte Tortenform füllen und backen.

Backen:
Bei 170 °C Ober- und Unterhitze ca. 35–40 Minuten backen.

Creme:
Reismilch und Wasser vermengen, 1 Teil davon mit dem Vanillepuddingpulver verrühren. Restliche Reismilch aufkochen und das Puddingpulvergemisch in die heiße Milch einrühren. Gut abkochen, damit sich die Stärke löst. Einige Stunden kühlen, anschließend durch ein feines Haarsieb passieren.
Gelatine in kaltem Wasser einweichen. Sojasahne mit Zucker, Vanillezucker und Sahnesteif aufschlagen. Eingeweichte Gelatine mit Rum erwärmen, mit der passierten Vanillecreme vermischen und unter die geschlagene Sojasahne mischen.

Fertigung:
Tortenboden zweimal durchschneiden, die Heidelbeeren mit Wasser oder Läuterzucker mischen und pürieren, den Boden damit tränken und abwechselnd mit Creme in eine Tortenform einsetzen, mit Creme abschließen und im Kühlschrank festwerden lassen.

Heidelbeergelee:
Frische Heidelbeeren auf der fest gewordenen Creme verteilen. Tortengelee laut Packungsanleitung zubereiten, darübergießen und einige Zeit kühlen.

SCHOKOSCHAUMTORTE

Mengenangaben für 1 Springform mit 26 cm Durchmesser

ZUTATEN:

Torte:
5 Eiklar
250 g Zucker
1 Prise Steinsalz
5 Dotter
1/8 l Öl
1/8 l heißes Wasser
100 g weiche Schokolade
250 g Dinkelvollkornmehl, gesiebt
1 TL Weinsteinbackpulver

Schokoschaum:
6 Dotter
75 g Zucker
570 g Schlagobers, cremig geschlagen
300 g Kuvertüre 70 %, geschmolzen

Tränke:
2 cl Rum
1 EL Ribiselmarmelade
1/8 Wasser

Schokoladeglasur:
180 g Schlagobers
200 g Zartbitterkuvertüre

ZUBEREITUNG:

Torte:
Eiklar, 100 g Zucker und Salz zu Schnee schlagen. Dotter, 150 g Zucker, Öl, Wasser und weiche Schokolade cremig rühren. Schnee unter die Dottermasse mischen. Gesiebtes Dinkelvollkornmehl und Weinsteinbackpulver mischen und unter die Masse heben. In eine Tortenform füllen.

Backen:
Bei 160 °C Ober- Unterhitze ca. 45 Minuten backen und auskühlen lassen.

Schokoschaum:
Dotter mit Zucker über einem heißen Wasserbad warm rühren, von der Hitze nehmen und mit dem Handrührgerät aufschlagen, bis die Masse nur noch lauwarm und dick cremig ist. Etwa 1/3 des Schlagobers unter die mindestens 50 °C warme Kuvertüre rühren, den Eidotterschaum unterziehen und das restliche Obers unterheben. Falls notwendig, den Schokoschaum kurz kühlen, damit er etwas fester wird.

Tränke:
Rum, Ribiselmarmelade und Wasser glattrühren.

Fertigung:
Tortenboden zweimal durchschneiden, mit der Tränke tränken und abwechselnd mit Creme in eine Tortenform einsetzen, mit Creme abschließen und im Kühlschrank festwerden lassen.

Zubereitung Schokoladeglasur:
Schlagobers aufkochen, über die grob gebrochene Kuvertüre leeren und unter gelegentlichem Rühren die Kuvertüre schmelzen lassen. Wenn die Glasur etwas überkühlt ist, auf der Creme verteilen und nochmals einige Zeit kühlen.

von
Herzen

NOUGATHERZEN

Mengenangaben für ca. 16 Stück

ZUTATEN:

Mürbteig:
siehe Rezept Linzer Augen, Seite 178

Nougatcreme:
300 g Milch
45 g Puddingpulver
30 g Dotter (ca. 1–2 kleine Dotter)
50 g Zucker
10 g Vanillezucker
375 g Butter
100 g Nougat

ZUBEREITUNG:

Mürbteig:
Den Mürbteig ca. 0,5 cm dick ausrollen, große Herzen ausstechen und auf ein mit Backpapier belegtes Blech legen.

Backen:
Tortenboden zweimal durchschneiden, mit der Tränke tränken und abwechselnd mit Creme in eine Tortenform einsetzen, mit Creme abschließen und im Kühlschrank festwerden lassen.

Nougatcreme:
Die kalte Milch mit den restlichen Zutaten versprudeln, zu einem Pudding aufkochen und auskühlen lassen. Die Butter mit dem Nougat schaumig rühren und den Pudding langsam unterrühren.
Mit einer mittleren Spritztülle die Nougatcreme auf die Hälfte der ausgekühlten Herzen aufspritzen und sofort den Deckel leicht andrücken – 1 Stunde kühl stellen.

Schokolade zum Tunken:
Für den Hausgebrauch eignet sich natürlich eine fertige Tunkmasse. Achten Sie bei der Zubereitung von jeglicher Schokolade auf die Temperatur, um auch den erwünschten Glanz zu erreichen!

Tipps zum Arbeiten mit Kuvertüre

Achtung beim Verwenden von Kuvertüren – diese dürfen nur mit Kakaobutter, welche im Fachhandel erhältlich ist, verdünnt werden. Beim Arbeiten mit Kuvertüren immer auf die richtige Temperatur achten.

ZUTATEN UND ZUBEREITUNG FÜR EINE SCHOKOGLASUR

Kochschokolade im Wasserbad auf ca. 40 °C erwärmen, mit Kokosfett bis zur gewünschten Konsistenz verdünnen (beides ist auch in Bio-Qualität erhältlich). Achten Sie darauf, dass im Wasserbad kein Wasser zur Schokolade kommt! Sie würde sofort eindicken oder streifig werden.

FINSTERE MOHNTORTE

Mengenangaben für 1 Springform mit ca. 22 cm Durchmesser
glutenfrei

ZUTATEN:

8 Eier
250 g zimmerwarme Butter
150 g Zucker
1 Msp. Vanillepulver
1 Prise Salz
250 g Haselnüsse oder Mandeln, gerieben
250 Graumohn, gemahlen

ZUBEREITUNG:

Die Eier trennen. Die zimmerwarme Butter mit 2/3 des Zuckers und dem Vanillepulver flaumig rühren, die Dotter nach und nach einrühren. Die Eiklar mit dem Rest des Zuckers und dem Salz zu einem festen Schnee schlagen. Den Schnee und die Nüsse sowie den Mohn in den flaumigen Abtrieb unterheben. Die lockere Masse in eine mit Backpapier belegte Form füllen.

Backen:
Im vorgeheizten Backrohr bei 170 °C Ober- und Unterhitze ca. 50–60 Minuten backen.
Nach dem Backen gut auskühlen lassen.

Fertigung:
Die überkühlte Torte ein- bis zweimal durchschneiden und reichlich mit Himbeermarmelade füllen.

Mein Tipp: Diese Torte kann auch mit Zimt verfeinert werden, an der Oberseite mit Staub-/Vanillezucker bestreuen und eventuell mit Schlagobers verzieren.

Ich bedanke mich herzlich bei unserer lieben Doris Finsterer für ihre Treue und das tolle Rezept. Sie ist eine ganz liebe Stammkundschaft aus unserem Bio-Laden und bäckt gerne mit unseren Produkten. Sie hat mir eines ihrer Lieblingsrezepte – eine „ganz köstliche Mohntorte" laut ihrer vier Leckermäuler – für mein Buch verraten. Dieses Rezept ist sehr einfach und schnell zuzubereiten. Obendrein sehr leicht verdaulich und glutenfrei.

DINKELBISKOTTEN

ZUTATEN:

4 Dotter
80 g Kristallzucker
Schale von 1/2 Zitrone
1 Msp. Vanillepulver
4 Eiklar
1 Prise Steinsalz
90 g Dinkelmehl T 700, gesiebt

Staubzucker zum Bestreuen

ZUBEREITUNG:

Dotter, 20 g Zucker, Zitronenschale und Vanillezucker zusammen schaumig rühren. Eiklar, 60 g Zucker und Salz schaumig rühren und mit der Dottermasse mischen. Mehl unterheben. Mit dem Dressiersack kleine oder große Biskotten auf ein mit Backpapier belegtes Blech aufdressieren. Unmittelbar vor dem Backen mit Staubzucker anzuckern.

Backen:
Bei 180 °C Ober- und Unterhitze ca. 10–12 Minuten backen. Die Ofentüre mit einem kleinen Kochlöffel leicht geöffnet halten, damit die Feuchtigkeit entweichen kann.

KEKSE

Die besten Kekse sind die, die als Erstes auf dem Keksteller fehlen.

STRESS-WEG-BUSSERL

ZUTATEN:

Haferflockenmasse:
360 g Butter
500 g Haferflocken
6 EL Vollzucker

Busserl:
4 Eier
12 EL Vollzucker
200 g Dinkelvollkornmehl
2 TL Weinsteinbackpulver

ZUBEREITUNG:

Haferflockenmasse:
Alle Zutaten leicht durchrösten – gut auskühlen lassen.

Busserl:
Eier mit dem Zucker dickschaumig rühren, das Mehl mit dem Weinsteinbackpulver und der gerösteten, überkühlten Haferflockenmasse zusammenmischen, 15 Minuten rasten lassen und mit 2 Löffeln auf das mit Backpapier belegte Blech kleine Busserl setzen.

Backen:
Bei 180 °C Heißluft ca. 10 Minuten goldgelb backen.

Mein Tipp:
Diese Busserl sind liebevoll verpackt eine nette Geschenkidee!

ANISBUSSERL

ZUTATEN:

3 Eier
150 g Zucker
1 EL heißes Wasser
120 g Dinkelvollkornmehl, gesiebt, oder Dinkelmehl T 700
Anis zum Bestreuen

ZUBEREITUNG:

Eier mit Zucker und Wasser schaumig rühren. Mehl unterheben. Mit dem Dressiersack kleine Busserl auf ein mit Backpapier belegtes Blech dressieren und mit Anis bestreuen.

Backen:
Bei ca. 170 °C Ober- und Unterhitze 10–12 Minuten backen, bis die Ränder leicht braun werden.

HIMMEL UND HÖLLE

ZUTATEN:

4 Dotter
80 g Kristallzucker
Schale von 1/2 Zitrone
1 Msp. Vanillepulver
4 Eiklar
1 Prise Steinsalz
90 g Dinkelmehl T 700, gesiebt
Kokosette zum Bestreuen

Haselnusscreme zum
Zusammensetzen
Schokolade zum Tunken

ZUBEREITUNG:

Wie die Dinkelbiskotten (siehe Seite 163). Kleine Zungen mit einer glatten Tülle (ca. 9 mm) auf das Blech dressieren und unmittelbar vor dem Backen mit Kokosette bestreuen.

Backen:
Bei ca. 170 °C Ober- und Unterhitze backen, bis die Ränder leicht braun werden.

Fertigung:
Die kleinen Biskotten mit einer guten Haselnusscreme zusammensetzen, die Hälfte in Schokolade tunken und kühl stellen.

ORANGENRINGE

ZUTATEN:

Kekse:
220 g zimmerwarme Butter
80 g Staubzucker
1 Msp. Vanillepulver
Schale von 1 Bio-Orange
1 Prise Steinsalz
1 Ei
300 g Einkornvollkornmehl, gesiebt

Orangenglasur:
30 g Orangensaft, frisch gepresst
etwas Orangenschale
110 g Staubzucker

Blütenzucker zum Bestreuen

ZUBEREITUNG:

Kekse:
Die weiche Butter mit Staubzucker, Vanillepulver, Orangenschale und Salz dickschaumig schlagen, Ei und gesiebtes Einkornmehl kurz einrühren und dann sofort mit dem Dressiersack mit kleiner, gezackter Tülle gleichmäßige Ringe auf ein mit Papier ausgelegtes Blech dressieren.

Backen:
Bei 170 °C Heißluft ca. 12 Minuten hell backen.

Orangenglasur:
Orangensaft, Orangenschale und Staubzucker glattrühren.

Fertigung:
Die gebackenen, ausgekühlten Ringe mit der Orangenglasur bestreichen und mit Blütenzucker bestreuen.

ENERGIEKEKSE

ZUTATEN:

Gewürzmischung:
45 g Muskatnusspulver
45 g Zimtpulver
20 g Galgantpulver
10 g Nelkenpulver

Kekse:
250 g Dinkelmehl T 700 oder Dinkelvollkornmehl, gesiebt
250 g Dinkelvollkornmehl
100 g Mandeln, gemahlen
2 gestrichene TL Weinsteinbackpulver
2 Eier
200 Vollzucker
Schale von 1/2 Bio-Zitrone
250 g Butter
25 g Gewürzmischung (siehe oben)

ZUBEREITUNG:

Kekse:
Alle Zutaten zu einem mürben Teig kneten und ca. 2 Stunden kühl rasten lassen. 0,5 cm dick ausrollen und in beliebige kleine Formen ausstechen.

Backen:
Bei 175–180 °C Heißluft 10–12 Minuten backen.

Mein Tipp:
Im Herbst und Winter gibt man die Gewürze laut Rezept dazu, im Frühjahr und Sommer reduziert man die Menge um bis zu 50 Prozent. Wenn man die Kekse vor dem Backen mit Ei bestreicht, ergibt das einen schönen Glanz. Alternativ dazu kann man die Kekse nach dem Backen mit Zitronen- oder Orangenglasur (siehe Seite 172) bestreichen und mit gerösteten Mandelflocken bestreuen.
Nett verpackt eignen sich Energiekekse besonders gut als kleines Mitbringsel.

Mit dem rechten Maß genossen – dein Gesicht wird nie verdrossen!

BERNHARDS NUSSZWIEBACK

ZUTATEN:

6 Eier
250 g Vollzucker
1 Prise Salz
1 kg Walnüsse, ausgelöst im Ganzen
500 g Dinkelvollkornmehl
250 g Rosinen

Mein Tipp: Bernhards Nusszwieback kann auch mit Kürbiskernen oder anderen Nüssen zubereitet werden.

ZUBEREITUNG:

Eier mit Zucker und Salz dickschaumig aufschlagen, trockene Zutaten mischen und mit Eierschaum vermengen (am besten mit der Hand, da die Masse sehr fest ist). 2 Bleche mit Backpapier auslegen und die Masse mit feuchten Händen ca. 1 cm dick verteilen und draufdrücken.

Backen:
Bei 170–180 °C Heißluft ca. 20 Minuten goldbraun backen. Noch warm in kleine Stücke schneiden.

Dieses Rezept bekam ich vor vielen Jahren vom Stiftinger Bernhard, ein ganz lieber Bio-Bauer aus dem Mühlviertel. Ich bedanke mich sehr herzlich bei ihm für dieses Rezept! Der Nusszwieback ist das ganze Jahr eine beliebte Knabberei und gesund fürs Hirn ist er nebenbei!

LINZER AUGEN

ZUTATEN:

200 g Einkornvollkornmehl
400 g Dinkelfeinmehl (T 700 oder gesiebtes Dinkelvollkornmehl)
400 g Butter
1 Prise Salz
200 g Staubzucker
5 Dotter
1 Msp. Vanillepulver
Schale von 1 Zitrone

Staubzucker zum Bestreuen
Ribisel- oder Marillenmarmelade zum Zusammensetzen

ZUBEREITUNG:

Mehlmischung mit zerkleinerter kalter Butter und Salz gut abbröseln. Staubzucker, Dotter Vanillepulver und Zitronenschale untermischen und gut verkneten, mind. 2 Stunden kühl rasten lassen. Dann den Teig ca. 4 mm dick ausrollen. Böden und Deckel mit Löchern in beliebiger runder Form ausstechen und auf ein mit Backpapier belegtes Blech legen.

Backen:
Bei 170–180°C Heißluft ca. 8–10 Minuten hell backen.

Fertigung:
Deckel noch warm mit Staubzucker bestreuen. Mit Ribisel- oder Marillenmarmelade zusammensetzen.

Mein Tipp:
Kann auch mit Weizenfeinmehl gebacken werden – ein besonderes Geschmackserlebnis ist jedoch das Originalrezept. Dieser Linzer Teig kann als Boden für vielerlei Mehlspeisen und Torten verwendet werden.

EINKORN-LINZER KIPFERL

ZUTATEN:

220 g Butter, zimmerwarm
80 g Staubzucker
1 Msp. Vanillepulver
Schale von 1/2 Zitrone
1 Prise Steinsalz
1 Ei
300 g Einkornvollkornmehl, gesiebt

Marillenmarmelade zum Zusammensetzen
Schokolade zum Tunken

ZUBEREITUNG:

Die weiche Butter mit Staubzucker, Vanillepulver, Zitronenschale und Salz dickschaumig schlagen. Ei und gesiebtes Einkornvollkornmehl kurz einrühren und dann sofort (!) mit einem Dressiersack mit mittlerer, gezackter Tülle gleichmäßige Kipferl auf ein mit Papier ausgelegtes Blech dressieren.

Backen:
Bei ca. 170 °C Heißluft ca. 12 Minuten hell backen.

Fertigung:
Die ausgekühlten Kipferl mit heißer Marillenmarmelade zusammensetzen und ca. 2 Stunden trocknen lassen. Nun die Spitzen in Schokolade tunken.

ISCHLER BÄCKEREI

ZUTATEN:

Kekse:
200 g Dinkelvollkornmehl
150 g kalte Butter
150 g Haselnüsse, geröstet und gerieben
150 g Rohzucker
1 Prise Steinsalz
1 Ei
1 Dotter

Glasur:
säuerliche Marmelade, z. B. Ribisel-, Holunder- oder Himbeermarmelade
150 g dunkle Kuvertüre

ZUBEREITUNG:

Dinkelvollkornmehl mit der kalten, zerkleinerten Butter abbröseln, Haselnüsse, Zucker, Salz, Ei und Dotter untermengen und gut verkneten. Diesen Mürbteig mind. 1 Stunde bis zu 4 Tage im Kühlschrank rasten lassen. Den Teig 1/2 cm dick ausrollen und Kekse mit ca. 4 cm Durchmesser ausstechen und auf ein mit Backpapier belegtes Blech legen.

Backen:
Bei 180 °C Heißluft ca. 12–15 Minuten hell backen.

Fertigung:
Die überkühlten, gebackenen Kekse mit heißer Marmelade zusammensetzen, erkalten lassen und mit Schokoladetunkmasse glasieren.

Mein Tipp:
Die Ischler Bäckerei kann beliebig verziert werden – mit gehackten Pistazien, halben Walnüssen, Mandeln oder weißer Zuckerglasur.

NOUGATSTANGEN

ZUTATEN:

Kekse:
250 g zimmerwarme Butter
200 g Staubzucker
1 Msp. Zimt
1 Prise Salz
2 Eier
200 g Haselnüsse, geröstet
und gerieben
250 g Dinkelvollkornmehl, gesiebt

Fülle und Dekoration:
ca. 150 g guter Haselnuss-
Schoko-Aufstrich
ca. 50 g Schokolade

ZUBEREITUNG:

Butter mit dem Staubzucker, Zimt und Salz dickschaumig schlagen, Eier versprudeln und nach und nach beimengen, Haselnüsse und Mehl untermischen.
Nun kleine, gleichmäßige Stangerl auf das mit Backpapier ausgelegte Blech spritzen.

Backen:
Bei 170 °C Heißluft ca. 12 Minuten hell backen.

Fertigung:
Die gebackenen Stangerl mit dem Haselnuss-Schoko-Aufstrich zusammensetzen und mit zerlassener Schokolade feine Streifen aufspritzen.

VANILLEKIPFERL

ZUTATEN:

150 g Einkornvollkornmehl, fein gemahlen
150 g Mandeln, gerieben
1 Vanilleschote
150 g kalte Butter
70 g Vollzucker
2 Dotter

Zum Bestreuen:
Staub-Vanillezucker-Gemisch

ZUBEREITUNG:

Mehl und Mandeln vermischen, Vanilleschote der Länge nach aufschneiden, Mark herauskratzen. Butter in kleine Stücke schneiden, mit der Mehl-Mandel-Mischung gut verbröseln. Zucker, Vanille und Dotter zugeben und rasch verkneten. Kühl mindestens 2 Stunden rasten lassen und Kipferl formen.

Backen:
Bei 180 °C Heißluft ca. 12 Minuten hell backen, noch warm mit Staub-Vanillezucker-Gemisch bestreuen. aufspritzen.

Mein Tipp:
Teig in kleine Rollen formen – portionieren – in der Hand Kugerl formen, dann erst Kipferl daraus rollen. Die Vanillekipferl können auch mit gesiebtem Dinkelvollkornmehl zubereitet werden. Mit Einkornvollkornmehl werden Vanillekipferl geschmacklich ein Erlebnis – aber Vorsicht: Sie brechen leichter! Nach dem Backen sofort mit Staub-Vanillezucker-Gemisch bestreuen und erst erkaltet vom Blech nehmen.

VANILLEZUCKER SELBST HERSTELLEN:
1 Vanilleschote ausschaben (alternativ: 1 TL Vanillepulver) und mit 250 g Staubzucker vermischen.

KÜRBISKERNKIPFERL

ZUTATEN:

250 g Dinkelvollkornmehl, fein vermahlen
200 g Kürbiskerne, fein gerieben
1 Prise Salz
100 g Staubzucker
2 Pkg. Vanillezucker
200 g kalte Butter
2 Dotter
2 EL Kürbiskernöl

200 g dunkle Kuvertüre

ZUBEREITUNG:

Mehl mit fein geriebenen Kürbiskernen, Salz, Staubzucker und Vanillezucker vermischen. Kalte Butter in kleinen Stücken mit den trockenen Zutaten abbröseln und mit restlichen Zutaten rasch zu einem Teig kneten. Kühl mindestens 1 Stunde rasten lassen; aus dem Teig Rollen formen, in Stücke portionieren und gleichmäßige Kipferl formen.

Backen:
Bei 180 °C Heißluft ca. 10–12 Minuten backen, ausgekühlt die Spitzen in geschmolzener Kuvertüre tunken.

Mein Tipp:
Die Kürbiskernkipferl hell backen, dann bleibt die wunderschöne grüne Farbe erhalten.

Eine erfrischende Bereicherung auf jedem Keksteller!

MOCCAKRAPFERL

ZUTATEN:

Teig:
140 g Einkornvollkornmehl
140 g Dinkelmehl, gesiebt
200 g Haselnüsse, gerieben
1 Prise Salz
280 g Butter
140 g Staubzucker
4 Dotter, hartgekocht und passiert
(mit einer Gabel fein zerdrücken)

Creme:
250 g Butter
250 g Staubzucker
3 EL starker Kaffee oder 100 g dunkle Schokolade

Glasur:
200 g Staubzucker
etwas Eiklar
etwas starker Kaffee

ZUBEREITUNG:

Teig:
Mehle mit fein geriebenen Haselnüssen und Salz vermischen, kalte Butter in kleinen Stücken mit Mehl abbröseln und mit restlichen Zutaten rasch zu einem Teig kneten, mindestens 2 Stunden kühl rasten lassen. Teig ca. 3 mm dick ausrollen, kleine runde Krapferl ausstechen.

Creme und Glasur:
Für die Creme Butter und Staubzucker flaumig rühren, starken Kaffee oder geschmolzene (aber nicht zu heiße) Schokolade einrühren.
Für die Glasur Staubzucker mit Eiklar und Kaffee aufschlagen. Kaffee dabei teelöffelweise auf die gewünschte Konsistenz beigeben.

Backen:
Bei 180 °C Heißluft ca. 10 Minuten hell backen.

Fertigung:
Die ausgekühlten Krapferl mit Creme füllen und zusammensetzen, mit Kaffeeglasur Streifenmuster spritzen, gut trocknen lassen.

Mein Tipp:
Anstatt der Kaffeeglasur kann man die Deckel vor dem Backen mit Eiklar bestreichen und mit gehackten Haselnüssen bestreuen. Durch die gekochten Dotter und das feine Einkornmehl werden diese Krapferl zu einem besonderen Geschmackserlebnis.

Vorsicht bei
Naschkatzen!

NUSS- ODER KÜRBISKERNSCHNITTEN

ZUTATEN:

Mürbteig:
250 g Dinkelmehl, gesiebt
200 g Einkornvollkornmehl, fein gemahlen
1 kl. Prise Salz
Schale von 1/4 Zitrone, abgerieben
300 g Butter
150 g Staubzucker
1/2 Pkg. Vanillezucker
1 Ei

100 g Marillenmarmelade zum Bestreichen

Nuss- oder Kürbiskernmasse:
80 ml Schlagobers
150 g Honig
150 g Butter
300 g Zucker
350 g Walnüsse oder Kürbiskerne

ZUBEREITUNG:

Mehle, Salz und Zitronenschale mit der kalten, in kleine Stücke geteilten Butter abbröseln und mit den restlichen Zutaten rasch zu einem Teig verkneten, mindestens 1 Stunde rasten lassen; den Mürbteig auf Backpapier ca. 4 mm dick ausrollen und auf ein Backblech geben, mit einer Gabel einstechen und bei 180 °C Heißluft im vorgeheizten Backofen ca. 5 Minuten hell vorbacken.
Überkühlen lassen und mit der heißen Marillenmarmelade dünn bestreichen.
Schlagobers mit Honig, Butter und dem Zucker aufkochen. Die ganzen Walnüsse oder Kürbiskerne einrühren und nochmals aufkochen. Masse auf dem Mürbteig verstreichen.

Backen:
Bei 170 °C Ober- und Unterhitze etwa 30 Minuten backen.

Fertigung:
Am folgenden Tag (oder noch warm) der Länge nach in ca. 3 cm breite Streifen und diese in 2 cm breite Schnitten schneiden.

Mein Tipp:
Der Mürbteig kann auch mit Dinkelvollkornmehl anstelle vom Einkornvollkornmehl zubereitet werden.

ENGELCHEN

ZUTATEN:

600 g weiße Schokolade
250 ml Schlagobers
100 ml (= 5 Stamperl à 2 cl) Eierlikör
200 g Biskottenbrösel
Kokosette zum Wälzen

ZUBEREITUNG:

Die weiße Schokolade mit dem Schlagobers aufkochen, Eierlikör unterrühren und mindestens 2 Stunden kalt stellen. Nun die Biskottenbrösel daruntermischen und über Nacht gekühlt ziehen lassen.
Am darauffolgenden Tag daraus Kugerl formen und in Kokosette wälzen.

BENGELCHEN

ZUTATEN:

280 g Kokosfett
120 g Staubzucker
120 g Kakao
200 g Walnüsse, fein gerieben
100 g Kokosette
120 ml Rum
140 g Milch
Schokostreusel zum Wälzen

ZUBEREITUNG:

Kokosfett schmelzen, Staubzucker, Kakao, Walnüsse und Kokosette untermischen. Rum und Milch einrühren und einige Zeit in den Kühlschrank stellen.
Anschließend kleine Kugerl formen und in den Schokostreuseln wälzen.

Lebkuchen
– schön, lecker und fein –
weich muss er sein!

ANNIS VOLLWERTLEBKUCHEN

ZUTATEN:

4 Eier
500 g Vollzucker
3 EL Honig
2 EL Rum
1 Pkg. Lebkuchengewürz
400 g Roggenvollkornmehl
200 g Roggenmehl T 960
1 EL Natron
250 g Walnüsse, gerieben

ZUBEREITUNG:

Eier, Vollzucker, Honig, Rum und Lebkuchenwürz gut schaumig schlagen, über Nacht im Kühlschrank stehen lassen.
Am nächsten Tag die Mehle, Natron und die Nüsse dazumischen, den Teig kneten, mindestens 5 mm dick ausrollen (je größer die Figuren, desto dicker ausrollen!) und verschiedene Formen ausstechen. Auf ein mit Backpapier belegtes Backblech legen.

Backen:
Bei 170–180 °C Heißluft ca. 8–10 Minuten goldbraun backen.

Mein Tipp:
Mit Ei bestrichen bekommt der Lebkuchen einen schönen Glanz. Vor dem Backen lässt sich der Lebkuchen gut mit Nüssen oder kandierten Früchten verzieren, nach dem Backen mit Zucker- oder Schokoladeglasur. Dieses Rezept eignet sich besonders gut für Christbaumschmuck oder große, verzierte Lebkuchenfiguren.

QUITTENLEBKUCHEN

ZUTATEN:

Teig:
4 Eier
500 g Vollzucker
3 EL Honig
2 EL Rum
1 Pkg. Lebkuchengewürz
400 g Roggenvollkornmehl
200 g Roggenmehl T 960
1 EL Natron
250 g Walnüsse, gerieben

Fülle:
800 g Quittenmarmelade 2:1
(2 Teile Früchte, 1 Teil Zucker)
250 g Rumzwetschken zum Belegen
1 Ei sowie 1 Dotter zum Bestreichen
300 g Kuvertüre zum Tunken

ZUBEREITUNG:

Zubereitung Teig siehe Seite 197.
Lebkuchenteig ca. 5 mm dick ausrollen, Boden eines mit Backpapier belegten Bleches damit auslegen. Quittenmarmelade in Streifen aufspritzen. Lebkuchendeckel auch 5 mm dick ausrollen, auf den mit Quittenmarmelade bespritzten Boden drauflegen, andrücken, Ei mit Dotter verquirlen, Lebkuchen damit bestreichen und mit halbierten Rumzwetschken belegen.

Backen:
Bei 170 °C mittlere Schiene, Ober- und Unterhitze ca. 15–20 Minuten backen.

Fertigung:
Anschließend in Streifen schneiden und seitlich in Kuvertüre tunken.

Mein Tipp: Kann auch mit anderen Marmeladen gefüllt werden. Die Quitte harmoniert mit diesem Lebkuchen jedoch besonders gut!

ÜBER DIE QUITTE:
Die Quitte, der Ur-Apfel mit seiner samtigen Schale, besitzt besondere Heilkräfte. Sie regt den Speichelfluss an, sorgt daher für eine gute Verdauung und entlastet die Bauchspeicheldrüse. Schon die alten Griechen schätzten diese Frucht sehr!

Mit vollem Korn die volle Kraft,
die Quitte uns Gesundheit schafft.
Gewürze, die den Frohsinn wecken, zu
Weihnacht dir dein Herz aufwecken!

APFEL-FRÜCHTEBROT

ZUTATEN:

Tag 1:
750 g süß-säuerliche Äpfel, geschält und gerieben
150 g Walnüsse, grob gehackt
150 g Rosinen
80 g Feigen, fein geschnitten
80 g Dörrpflaumen, fein geschnitten
Zesten und Saft von 1 Orange und 1 Zitrone
200 g Honig oder Vollzucker
1 Vanilleschote
1 TL Lebkuchengewürz
1 TL Galgant
1 Prise Steinsalz
1 EL Kakao
1/16 l Rum
1/16 l Nussgeist

Tag 2:
500 g Dinkelvollkornmehl
2 Pkg. Weinsteinbackpulver
Ei zum Bestreichen
kandierte Kirschen und Nüsse zum Verzieren

ZUBEREITUNG:

Tag 1:
Alle Zutaten gut vermengen und zugedeckt kühl über Nacht (mind. 12 Stunden) stehen lassen.

Tag2:
Dinkelvollkornmehl sowie Weinsteinbackpulver untermengen und Striezel formen, mit Ei bestreichen und mit kandierten Kirschen und Nüssen verzieren.

Backen:
Bei 160 °C Ober- und Unterhitze je nach Größe ca. 40–50 Minuten backen.

Mit den Kindern, die mich auf unserem Bauernhof besuchen und mit mir einen Vormittag lang den Bauernhof erkunden, sing ich oft ein ganz einfaches Lied und dazu tanzen wir:

Sonne, liebe Sonne, ich danke dir!
Für die Menschen,
Blumen, Stein und Tier ...

Denn wenn sie auch nicht immer scheint, erhellt doch ihr Licht unseren Tag und bringt Leben hervor.

So möchte ich ganz schlicht vor allem meiner lieben Familie DANKE sagen.

Allein vermag man gar nichts – nur mit Liebe und gegenseitiger Wertschätzung geht's gemeinsam voran.

Alphabetisches Rezeptregister

Rezeptregister nach Mehlsorten

Auflage:

2019	2018	2017
4	3	2

Erlerstraße 10, A-6020 Innsbruck
E-Mail: loewenzahn@studienverlag.at
Internet: www.loewenzahn.at

Umschlag- und Buchgestaltung:
Johanna und Stefan Rasberger, www.labsal.at
Grafische Umsetzung: Saskia Beck
Fotografien: Rita Newman
Illustrationen: Saskia Beck
Lithografie: Philipp Glück

Einzelne Texte und Rezepte des vorliegenden Buches sind in Zusammenarbeit der Autorin mit der Landwirtschaftskammer Oberösterreich, Referat Ernährung entstanden.

Gedruckt auf umweltfreundlichem, chlor- und säurefrei gebleichtem Papier.

Bibliografische Information Der Deutschen Bibliothek
Die Deutsche Bibliothek verzeichnet diese Publikation in der Deutschen Nationalbibliografie; detaillierte bibliografische Daten sind im Internet über http://dnb.ddb.de abrufbar.

ISBN 978-3-7066-2599-9